WEBER'S™

# STEAK

von Jamie Purviance

Fotos von Tim Turner

# Inhalt

Anthropologen meinen, dass vor Hunderttausenden von Jahren die menschliche Zivilisation begann, als unsere Vorfahren zum ersten Mal Fleisch am Feuer brieten. Davor zogen sie als Nomaden umher und verzehrten ihre Nahrung roh. Erst als die Menschen sich schließlich Abend für Abend um eine Feuerstelle versammelten, entwickelten sich die Merkmale menschlicher Zivilisation: Kunst, Sprache, Landwirtschaft und dauerhafte Gemeinschaft.

Ich weiß nicht, wie zivilisiert es damals wirklich zuging. Ich kann mir nur vorstellen, wie zäh und wild das Fleisch war, im Vergleich zu den saftigen Rindersteaks, die es heute zu kaufen gibt. Was die Qualität des Fleisches betrifft, kann man also eindeutig von Fortschritt sprechen, und unter den richtigen Bedingungen ist es geradezu erstaunlich einfach, großartige Steaks am Grill zuzubereiten.

Dieses Buch möchte diese Bedingungen weiter verbessern. Mit anderen Worten: Es bietet Ihnen modernstes Grillwissen und jede Menge frischer Ideen für die unterschiedlichsten Steakschnitte.

Ich kenne viele Grillfans, denen es in erster Linie um den unverfälschten Geschmack ihres Fleisches geht. Sie möchten ihren Teller nicht mit zu vielen anderen Zutaten und Aromen überfrachten. Vielleicht ein paar Gewürze oder Kräuter, das ist alles. Für die Puristen unter Ihnen habe ich einige sehr schnörkellose Rezepte aufgenommen, wie beispielsweise das Sirloin-Steak nach Art von Santa Fe (Seite 84) oder das Porterhouse-Steak mit Kräuter-Vinaigrette (Seite 62). Einfache, klare Rezepte mit köstlichem Ergebnis. Grillfreunde, die ihre Steaks gerne etwas aufpeppen und auch unerwarteten Geschmackskombinationen gegenüber offen sind, kommen etwa mit den Rib-Eye-Steaks mit Chilibutter (Seite 26) oder den Steaks New York mit Fenchelkruste (Seite 32) auf ihre Kosten. Noch interessanter kann es werden, wenn Marinaden, Glasuren und Saucen mit ins Spiel kommen, darunter Klassiker wie das Porterhouse-Steak mit Sauce béarnaise (Seite 64) oder die Rib-Eye-Steaks mit Rotweinsauce (Seite 21). Selbst sie lassen sich einfach zu Hause zubereiten, mit Zutaten, die man in fast jedem gut sortierten Supermarkt bekommt. Für diese Klassiker wie auch für die meisten anderen Rezepte in diesem Buch beträgt die Zubereitungszeit kaum 30 Minuten. Und wenn Sie dazu dann noch ein oder zwei Beilagen servieren, erfüllen Sie den Traum jedes Steak-Liebhabers.

Bei einigen Rezepten habe ich meiner Fantasie und Kreativität freien Lauf gelassen und neue Ideen umgesetzt, die Sie hoffentlich inspirieren werden, nicht alltägliche Geschmacksnoten und ungewohnte Zubereitungsarten auszuprobieren. Nehmen Sie etwa das Falsche Filet in Miso-Marinade mit Shiitake-Pilzen (Seite 104), das Filet Mignon mit Krebsfleisch-Guacamole (Seite 44) oder auch das italienische Flank-Steak mit Rucola und Parmesan (Seite 68).

Die Rezepte in diesem Buch erfordern weder außergewöhnlichen Küchenkenntnisse noch komplizierte Tricks. Sie sind klar und einfach, für Abende, an denen Ihnen der Sinn nach einem guten Steak steht. Laden Sie ein paar Freunde ein, mixen Sie ein paar Drinks und gehen Sie nach draußen. Wenn das Aroma von Holzkohle und gebratenem Fleisch in der Luft liegt, ist die Freude perfekt. Nach mehreren hunderttausend Jahren hat sich die Wirkung von Fleisch und Feuer in unsere Gene eingeschrieben, und die schönste Art, den Tag ausklingen zu lassen, ist, wenn Menschen sich um eine Feuerstelle versammeln und gemeinsam Fleisch braten.

Jamie Purviance

## WORAUF MAN BEI STEAKS ACHTEN SOLLTE

Nur der Geschmack zählt.

### MARMORIERUNG

Steakfleisch sollte von einer üppigen, aber feinen milchig-weißen Marmorierung, dem intramuskulären Fett, durchzogen sein. Vermeiden Sie Fleisch mit nur minimaler oder bräunlich-gelblicher Fetteinlagerung (ein Zeichen für älteres, zähes Fleisch). Ebenso Stücke mit großen Fetteinschließungen. Das feine intramuskuläre Fett schmilzt beim Grillen und macht das Steak saftig und aromatisch. Große Fettklumpen hingegen schmecken nicht und führen darüber hinaus auch zu Flammenbildung.

### FARBE

Das Fleisch sollte eine helle Rosa- oder Rotfärbung aufweisen. Ist es dunkelrot oder bräunlich, stammt es möglicherweise von einem Milchrind. Das Fleisch hat wenig Geschmack und ist zäh.

### FEUCHTIGKEITS-GEHALT

Die Fleischoberfläche sollte feucht, aber nicht nass oder klebrig sein. Achten Sie bei verpackten Steaks darauf, dass sie nicht in zu viel Flüssigkeit liegen. Das könnte ein Hinweis darauf sein, dass das Fleisch tiefgekühlt und wieder aufgetaut wurde.

### AMERICAN BEEF

Produzenten in den USA können ihr Fleisch gegen eine Gebühr vom amerikanischen Landwirtschaftsministerium (USDA) klassifizieren lassen. Dabei erfolgt die Bewertung von Rindfleisch ausschließlich nach dem Grad der Marmorierung. Im Unterschied zu EU-weiten Vorschriften, die den gesamten Schlachtkörper nach seiner Fleischigkeit und Fettabdeckung klassifizieren. Nur etwa zwei Prozent des klassifizierten Rindfleischs in den USA erhält die Höchstnote »prime«. Die zweithöchste Bewertung ist »choice«, sie steht für schöne Marmorierung und zartes Fleisch. Steaks mit der Bewertung »select«, sollten Sie meiden, das Fleisch ist wahrscheinlich zu trocken und zäh.

## WAS SIE WISSEN MÜSSEN

Sobald Sie sich für ein bestimmtes Steak entschieden haben, sollten Sie sieben einfache Regeln beherzigen, die zum Gelingen eines perfekt gegrillten Steaks beitragen.

**ZIMMERTEMPERATUR ANNEHMEN LASSEN** Holen Sie 15–30 Min. vor dem Grillen das Steak aus dem Kühlschrank, und lassen Sie es Zimmertemperatur annehmen. Dadurch entspannen sich die Fleischfasern und das Steak ist nach dem Grillen zart. Zimmerwarme Steaks garen darüber hinaus schneller als kühlschrankkalte, was beim Fleisch zu weniger Verlust von Fleischsaft während des Grillens führt.

**DÜNNER FETTRAND** Eine dünne Fettschicht am Rand des Steaks stehen zu lassen bringt zusätzlichen Geschmack. Aber nicht übertreiben: ½ Zentimeter reicht aus, mehr Fett fördert lediglich die Flammenbildung.

**DÜNNE ÖLSCHICHT** Auf den ersten Blick erscheint es vielleicht überflüssig, ein gut marmoriertes Steak zusätzlich mit Öl zu bestreichen. Doch es verhindert, dass das Fleisch am Grillrost haften bleibt. Eine dünne Schicht Olivenöl reicht hierfür aus. Ölen Sie nie den Grillrost ein! Es würde auf den heißen Metallstreben verbrennen und einen unerwünschten, bitteren Geschmack erzeugen.

**RICHTIG SALZEN** Wenn Sie ein Steak ohne Rezeptanleitung zubereiten, sollten Sie es erst 15–30 Min. vor dem Grillen salzen. Das Salz vermischt sich in dieser Zeit mit dem Fleischsaft und erzeugt während des Grillens eine herrliche Kruste. Salzt man das Steak jedoch zu früh, entziehen die Salzkristalle dem Fleisch möglicherweise zu viel Flüssigkeit. Grobes Meersalz mit seinen größeren Kristallen und seinem reinen Geschmack ist das Salz der Wahl, denn es löst sich nicht so schnell auf.

**NICHT AUS DEN AUGEN LASSEN** Außer bei sehr dicken Zuschnitten benötigen die meisten Steaks weniger als 10 Min. Grillzeit. Sie sollten also nicht mit anderen Dingen beschäftigt sein, während Ihr Steak auf dem Rost liegt. Üblicherweise legt man das Fleisch zum kräftigen Anbraten über direkte starke Hitze. Stellen Sie vorher sicher, dass die Glut die richtige Temperatur hat und der Grillrost wirklich sauber ist. Anschließend wird das Steak je nach seiner Dicke über direkter oder indirekter Hitze fertiggegrillt (auf Seite 134 finden Sie die empfohlenen Garzeiten und Grillarten). Während des Grillens sollte der Deckel geschlossen sein, damit keine Hitze verloren geht – was die Garzeit verlängern würde.

**KEINE GABEL VERWENDEN** Fleischgabeln helfen, große Bratenstücke vom Grill zu heben. Zum Wenden von Steaks oder gar zum Prüfen des Gargrads eignen sie sich nicht. Der Fleischsaft würde durch das Einstechen mit der Gabel austreten und das Steak trocken machen. Nehmen Sie zum Wenden und Umplatzieren der Steaks besser eine gute Grillzange.

**RUHEN LASSEN** Die fertigen Steaks vom Grill nehmen und unbedingt 3–5 Min. ruhen lassen. In dieser Zeit kann sich der Fleischsaft, der sich während des Garens im Kern angesammelt hat, wieder im gesamten Fleisch verteilen. Das Steak ist danach durch und durch saftig.

## STEAK-ZUSCHNITTE

Folgende Zuschnitte eignen sich besonders gut zum Grillen – zart, saftig und voller Geschmack.

### PORTERHOUSE-STEAK

Das klassische Steakhouse-Steak besteht aus Filet und Roastbeef und einem Knochen dazwischen.

### T-BONE-STEAK

Ein T-Bone-Steak ähnelt dem Porterhouse-Steak, nur der Filetanteil ist etwas geringer, da das Steak aus dem weiter vorne liegenden Teil des Rückens stammt.

### STRIP-STEAK

Das New York Strip-Steak ist ein relativ mageres Steakfleisch, dabei festfleischiger als ein Rib-Eye- oder Filetsteak. Aber sein Geschmack ist großartig.

### FILETSTEAK/ FILET MIGNON

Filetsteaks sind an Zartheit kaum zu übertreffen. Eine schöne, aber kostspielige Extravaganz für besondere Gäste.

### RIB-EYE-STEAK AM KNOCHEN

Das sehr zarte und saftige Steak enthält ein Stück vom Rippenknochen, der zusätzlichen Geschmack bringt.

### RIB-EYE-STEAK

Rib-Eye-Steaks werden aus der Hochrippe geschnitten und haben einen deutlichen Fettkern, das Auge. Ihre üppige Marmorierung bürgt für höchsten Steakgenuss.

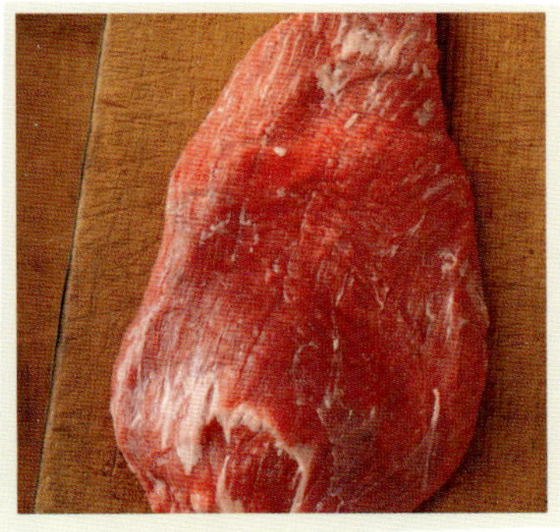

## FLANK-STEAK

Das ovalförmige Steak mit deutlich erkennbaren Fleischfasern wird aus der Dünnung (unterer Rippenbereich) geschnitten. Nach dem Grillen quer zur Faser aufschneiden!

## FALSCHES FILET

Das falsche Filet wird aus dem hohen Bug geschnitten. Normalerweise erwartet man aus diesem Teil kein Steak, doch dieser Zuschnitt ist die zarte Ausnahme.

## SIRLOIN-STEAK

Mit seiner feinen Maserung eignet sich das Steak aus dem flachen Roastbeef besonders gut, um daraus Würfel für Spieße zu schneiden.

## ONGLET / STEAK AUS DEM NIERENZAPFEN

Der Nierenzapfen wiegt zwischen 700 und 900 Gramm und hat einen kräftigen Rindfleischgeschmack. Die Sehne in der Mitte muss entfernt werden.

## SKIRT-STEAKS

Ähnlich wie beim Flank-Steak ist das Fleisch des Skirt-Steaks grob gemasert. Es entstammt dem Zwerchfell (Saumfleisch) und kann etwas zäh sein. Sein Geschmack jedoch ist hervorragend.

## BÜRGERMEISTER-/ PASTORENSTÜCK

Eigentlich ein mageres Bratenstück, das aber wie ein dickes Steak gegrillt werden kann. Es darf nur nicht zu lange auf dem Grill bleiben.

# Grundlagen des Grillens

## DER RICHTIGE UMGANG MIT DEM GRILL

### DIREKTE UND INDIREKTE HITZE

Bei direkter Hitze glimmen die Kohlen direkt unter dem Grillgut. Bei indirekter Hitze konzentriert sich die Glut auf einer oder auf beiden Außenseiten des Kohlerosts, das Grillgut liegt über dem Bereich ohne Glut.

Direkte Hitze ist ideal für kleines, zartes Grillgut, das rasch gart, so wie Steaks, Burger, Lammkoteletts, ausgelöste Hähnchenteile, Fischfilets, Meeresfrüchte und klein geschnittenes Gemüse. Die Oberfläche wird scharf angebraten und entwickelt köstliche Aromen, Zuckeranteile karamellisieren, und es bildet sich eine Kruste, während das Grillgut innen saftig bleibt

Indirekte Hitze eignet sich besser für größere, weniger zarte Fleischstücke, die langsam gegart werden müssen, also Braten, ganze Hähnchen oder Rippen. Sie ist zudem eine bewährte Methode, um dickere Steaks, die zunächst über direkter Hitze scharf angebraten wurden, fertig zu grillen, weil mit ihr die Gefahr hochschlagender Flammen verringert wird. Mit indirekter Hitze kann gleichzeitig auch geräuchert werden.

### DEN HOLZKOHLEGRILL FÜR DIREKTE UND INDIREKTE HITZE VORBEREITEN

Die Briketts oder die Holzkohle lassen sich am besten mit einem Anzündkamin verteilen: Diesen dafür bis zum Rand mit Holzkohle oder Briketts füllen, anzünden und brennen lassen, bis die Stücke an den Rändern glühen bzw. mit einer leichten Ascheschicht überzogen sind. Die glimmenden Stücke so auf dem Kohlerost verteilen, dass er zur Hälfte oder zu zwei Dritteln dicht bedeckt ist (siehe Abb. rechts oben). Den Grillrost einsetzen, den Deckel schließen, alle Lüftungsschieber öffnen und warten, bis im Grill die gewünschte Hitze herrscht. Mit dieser sogenannten Zwei-Zonen-Glut wird am häufigsten gearbeitet, weil es so eine Zone mit direkter und eine Zone mit indirekter Hitze gibt. Die Temperatur einer Zwei-Zonen-Glut kann hoch, mittel oder niedrig sein, je nachdem, wie viel Holzkohle verwendet wird und wie lange sie bereits brennt – denn die Glut verliert ja mit der Zeit an Heizkraft.

## DEN GASGRILL FÜR DIREKTE UND INDIREKTE HITZE VORBEREITEN

Die Bedienung eines Gasgrills ist in der Regel unkompliziert, variiert allerdings etwas von Modell zu Modell. Lesen Sie stets die Gebrauchsanleitung des Herstellers.

Zum Anzünden eines Weber Gasgrills zunächst den Deckel öffnen, sodass sich kein ausströmendes Gas im Grillraum sammelt. Dann das Ventil der Gasflasche oder des Erdgaszugangs öffnen und einige Minuten warten, bis das Gas in die Leitungen strömt. Nun die Brenner auf stärkster Stufe anzünden. Dann den Deckel schließen und den Grill 10–15 Min. vorheizen. Danach alle Brenner auf die gewünschte Hitze einstellen.

Falls Sie Gas riechen, zunächst alle Brenner ausschalten. Dann das Ventil der Gasflasche oder den Regler der Erdgaszufuhr schließen, den Gasschlauch abnehmen und nach einigen Minuten wieder anschließen. Den Grill wie beschrieben abermals starten. Bei erneutem Gasgeruch sollten Sie unbedingt den Weber-Kundendienst kontaktieren.

Durch Ausschalten eines oder mehrerer Brenner kann praktisch sofort von direkter zu indirekter Hitze gewechselt werden. Verfügt ein Gasgrill nur über zwei Brenner, sollten Sie den hinteren ausschalten. Hat der Grill mehr als zwei Brenner, wird der mittlere ausgeschaltet. Die Brenner, die angeschaltet bleiben, können je nach Bedarf auf hoch, mittel oder niedrig gestellt werden. Liegt das Grillgut über einem nicht eingeschalteten Brenner und ist der Deckel geschlossen, grillen Sie mit indirekter Hitze.

# Grundlagen des Grillens

## UNVERZICHTBARE GRILLHELFER

### GRILLZANGE

Das mit Abstand meistgebrauchte Zubehör. Man sollte drei Grillzangen parat haben: eine für die Handhabung von rohem Fleisch, eine für gegartes Grillgut und eine dritte zum Umplatzieren von Holzkohle.

### GRILLBÜRSTE

Damit reinigt man den Rost vor dem Grillen und auch währenddessen. Wählen Sie ein stabiles Modell mit langem Stiel und Borsten aus rostfreiem Stahldraht.

### GRILLPFANNE

Zum Grillen kleiner Stücke wie Champignons und Kirschtomaten, die sonst leicht durch den Rost rutschen würden, ein überaus praktisches Utensil. Die Pfanne immer kräftig vorheizen.

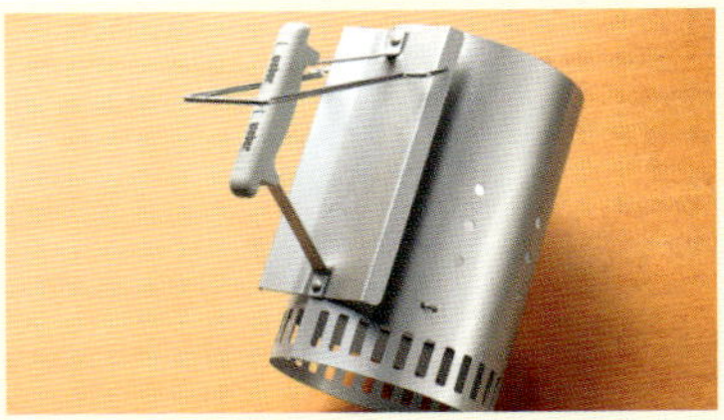

### ANZÜNDKAMIN

Mit ihm bringt man mühelos und schneller als mit jeder Anzündflüssigkeit Holzkohle und Grillbriketts gleichmäßig zum Glühen. Er sollte ein Fassungsvermögen von mindestens 5 Litern haben.

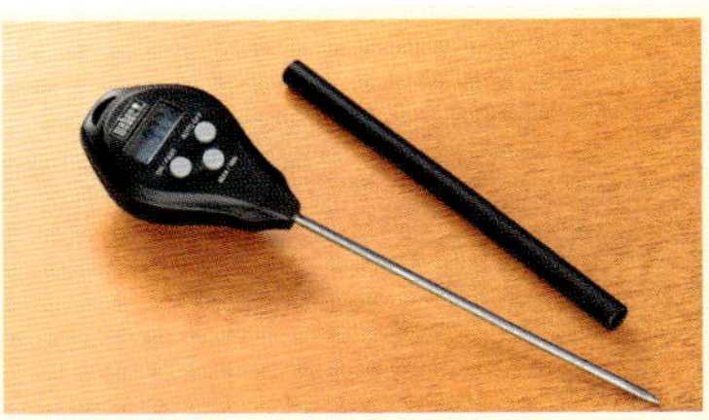

### DIGITALES FLEISCHTHERMOMETER

Es gibt im Nu Auskunft über den Garzustand Ihres Steaks: einfach seitlich an der dicksten Stelle des Fleisches einstechen, dabei aber keinen wärmeleitenden Knochen berühren, und die Kerntemperatur ablesen.

## BACKBLECH

Als tragbare Arbeitsfläche, auf der man Grillgut ölen und würzen kann, bietet sich ein Backblech ebenso an wie als Zwischenstation für alles, was gerade vom Grillrost geholt wird.

## PINSEL

Ein Pinsel ist äußerst nützlich, um Fleisch mit Öl oder auch mit einer Glasur oder Sauce zu bestreichen. Moderne Ausführungen aus Edelstahl mit Silikonborsten sind spülmaschinenfest.

## GRILLHANDSCHUHE

Sie schützen Hände und Unterarme, wenn man glühende Kohle umplatziert oder im hinteren Bereich eines glühenden Grills hantiert.

## GRILLWENDER

Zum Wenden von Steaks sind sie eine ebenbürtige Alternative zur Grillzange. Besonders zu empfehlen sind langstielige Modelle, deren Hebefläche dank eines Knicks tiefer liegt.

## TIMER

Für das Gelingen eines Steaks ist perfektes Timing – neben der richtigen Temperatur – das A und O.

# Steak-Rezepte

# 14

## RIB-EYE-STEAK



## STRIP-STEAK (HOHES ROASTBEEF)



## FILET MIGNON (RINDERFILET)



## T-BONE-STEAK



## PORTERHOUSE-STEAK



## FLANK-STEAK (DÜNNUNG)



## SKIRT-STEAK (SAUMFLEISCH)



## SIRLOIN-STEAK (FLACHES ROASTBEEF)



## BÜRGERMEISTERSTÜCK



## STEAKS AUS DER SCHULTER



## ONGLET (NIERENZAPFEN)

# RIB-EYE-STEAKS
## MIT SÜSSEM RÖSTKNOBLAUCH

**ZUBEREITUNGSZEIT: 30 Min.**
**GRILLZEIT: 6–8 Min.**

25 Knoblauchzehen, geschält
1 kräftige Prise zerstoßene Chiliflocken
125–250 ml Olivenöl

4 Rib-Eye-Steaks am Knochen (je 300–350 g schwer und 2,5 cm dick), überschüssiges Fett entfernt
Meersalz
Frisch gemahlener schwarzer Pfeffer

1. Knoblauch und Chiliflocken mit so viel Olivenöl in einem kleinen Topf vermengen, dass die Zehen vollständig mit Öl bedeckt sind. Bei kleiner Hitze etwa 20 Min. köcheln lassen, bis der Knoblauch leicht braun wird. Den Topf vom Herd nehmen, den Knoblauch im Öl abkühlen lassen. Er bräunt und gart in dieser Zeit noch nach. Beiseitestellen.

2. Von dem abgekühlten Knoblauchöl 60 ml auf ein Backblech gießen und die Steaks auf beiden Seiten im Öl wenden. Mit Salz und Pfeffer würzen. Vor dem Grillen 15–30 Min. Zimmertemperatur annehmen lassen.

3. Den Grill für direkte starke Hitze (230–290 °C) vorbereiten (siehe Seite 10–11).

4. Den Grillrost mit der Bürste reinigen. Die Steaks über ***direkter starker Hitze*** bei geschlossenem Deckel bis zum gewünschten Gargrad grillen (6–8 Min. für rosa/rot bzw. medium rare), dabei ein- bis zweimal wenden. Bei Flammenbildung die Steaks vorübergehend über indirekte Hitze legen. Vom Grill nehmen und 3–5 Min. ruhen lassen.

5. Die Steaks jeweils mit 1 kräftigen Prise Salz bestreuen, mit ein paar gebräunten Knoblauchzehen garnieren und nach Belieben mit etwas Knoblauchöl beträufeln. Warm servieren. Dazu passt: Grüner Spargel mit Sherry-Vinaigrette und Speck (siehe Seite 113).

**FÜR 4 PERSONEN**

# GROSSE COWBOYSTEAKS
## MIT WHISKY-BARBECUE-SAUCE

**ZUBEREITUNGSZEIT: 20 Min.**
**GRILLZEIT: 8–10 Min.**

### Für die Sauce

2 EL Olivenöl
2 Zwiebeln, fein gewürfelt
1 EL fein gehackter Knoblauch
60 ml Whisky
3 EL Tomatenmark
125 ml Ahornsirup
1 EL Apfelessig
2 TL Dijon-Senf
1 TL geräuchertes Paprikapulver (Feinkostladen)
1 TL Tabasco
½ TL frisch gemahlener schwarzer Pfeffer

4 Rib-Eye-Steaks am Knochen (je 400–450 g schwer und 3 cm dick), überschüssiges Fett entfernt
Olivenöl
Grobes Meersalz
Frisch gemahlener schwarzer Pfeffer

1. In einem großen Topf das Öl auf mittlerer bis hoher Stufe erhitzen. Die Zwiebeln hinzufügen und unter gelegentlichem Rühren 5–7 Min. andünsten, aber nicht bräunen. Knoblauch unter Rühren etwa 1 Min. mitdünsten, bis er zu duften beginnt. Den Topf vom Herd nehmen und den Whisky langsam zugießen. (Vorsicht vor Flammen!) Zurück auf den Herd stellen und alles etwa 2 Min. köcheln lassen, bis der Alkohol fast verdunstet ist. Tomatenmark einrühren, anschließend Ahornsirup, Essig, Senf, Paprikapulver, Tabasco und Pfeffer zufügen und alles 2–3 Min. köcheln lassen, bis die Sauce leicht eingedickt ist. Topf vom Herd nehmen und beiseitestellen.

2. Steaks auf beiden Seiten dünn mit Öl bestreichen, mit Salz und Pfeffer würzen. Vor dem Grillen 15–30 Min. Zimmertemperatur annehmen lassen.

3. Den Grill für direkte starke Hitze (230–290 °C) vorbereiten (siehe Seite 10–11).

4. Den Grillrost mit der Bürste reinigen. Die Steaks über ***direkter starker Hitze*** bei geschlossenem Deckel bis zum gewünschten Gargrad grillen (8–10 Min. für rosa/rot bzw. medium rare), dabei ein- bis zweimal wenden. Bei Flammenbildung das Fleisch vorübergehend über indirekte Hitze legen. Vom Grill nehmen, 3–5 Min. ruhen lassen und warm mit der Sauce servieren.

**FÜR 4–6 PERSONEN**

# RIB-EYE-STEAKS
## MIT TOMATEN-CURRY-SAUCE

**ZUBEREITUNGSZEIT:** 20 Min.
**GRILLZEIT:** 6–8 Min.

### Für die Sauce

1 EL Öl
1 TL fein gehackter Knoblauch
½ TL rote Currypaste
250 ml Tomatensauce
150 ml ungesüßte Kokosmilch, durchgerührt
¼ TL grobes Meersalz
¼ TL gemahlener schwarzer Pfeffer
2 EL fein gehackte frische Basilikumblätter

4 Rib-Eye-Steaks (je 300–350 g schwer und 2,5 cm dick), überschüssiges Fett entfernt
Öl
2 TL grobes Meersalz
1 TL frisch gemahlener schwarzer Pfeffer
2 EL fein gehackte frische Basilikum- oder Minzeblätter (nach Belieben)

1. In einem mittelgroßen Topf das Öl auf mittlerer Stufe erhitzen. Knoblauch und Currypaste hinzufügen, die Paste zügig im Öl glatt rühren. Nach etwa 1 Min. die restlichen Zutaten bis auf das Basilikum unterrühren. Aufkochen und unter gelegentlichem Rühren 5 Min. köcheln lassen, bis die Sauce eine cremige Konsistenz bekommt. In der letzten Minute der Garzeit die Basilikumblätter einstreuen. Den Topf vom Herd nehmen.

2. Die Steaks auf beiden Seiten mit Öl bestreichen, mit dem Salz und Pfeffer würzen. Vor dem Grillen 15–30 Min. Zimmertemperatur annehmen lassen.

3. Den Grill für direkte starke Hitze (230–290 °C) vorbereiten (siehe Seite 10–11).

4. Den Grillrost mit der Bürste reinigen. Die Steaks über ***direkter starker Hitze*** bei geschlossenem Deckel bis zum gewünschten Gargrad grillen (6–8 Min. für rosa/rot bzw. medium rare), dabei ein- bis zweimal wenden. Bei Flammenbildung das Fleisch vorübergehend über indirekte Hitze legen. Die Steaks vom Grill nehmen, auf beiden Seiten mit etwas Sauce bestreichen und 3–5 Min. ruhen lassen. Inzwischen die Sauce auf mittlerer Stufe erneut erhitzen.

5. Steaks in Scheiben schneiden. Etwas von der Sauce auf jeden Teller geben und die Fleischscheiben darauf anrichten. Nach Belieben mit Basilikum oder Minze garnieren.

**FÜR 4–6 PERSONEN**

# RIB-EYE-STEAKS
## MIT ROTWEINSAUCE

**ZUBEREITUNGSZEIT: 30 Min.**
**GRILLZEIT: 6–8 Min.**

### Für die Sauce
2 EL fein gehackte Schalotte
350 ml trockener Rotwein
1 EL Tomatenmark
2 TL Aceto balsamico
½ TL Worcestersauce
3 EL Butter
Grobes Meersalz
Frisch gemahlener schwarzer Pfeffer

4 Rib-Eye-Steaks (je 220 g schwer und 2 cm dick), überschüssiges Fett entfernt
Olivenöl
1 EL grobes Meersalz
1 TL gemahlener schwarzer Pfeffer

1. Schalotte und Rotwein in einem mittelgroßen Topf bei starker Hitze aufkochen, sofort die Hitze reduzieren und 15–20 Min. köcheln lassen, bis der Wein auf etwa 125 ml eingekocht ist. Tomatenmark, Essig und Worcestersauce einrühren. Vom Herd nehmen und esslöffelweise Butter unterschlagen. Mit Salz und Pfeffer abschmecken.

2. Steaks auf beiden Seiten dünn mit Öl bestreichen, anschließend mit Salz und Pfeffer würzen. Vor dem Grillen 15–30 Min. Zimmertemperatur annehmen lassen.

3. Den Grill für direkte starke Hitze (230–290 °C) vorbereiten (siehe Seite 10–11).

4. Den Grillrost mit der Bürste reinigen. Die Steaks über ***direkter starker Hitze*** bei geschlossenem Deckel bis zum gewünschten Gargrad grillen (6–8 Min. für rosa/rot bzw. medium rare), dabei ein- bis zweimal wenden. Bei Flammenbildung das Fleisch vorübergehend über indirekte Hitze legen. Vom Grill nehmen und 3–5 Min. ruhen lassen. Inzwischen die Sauce bei mittlerer Hitze nochmals erwärmen und die Steaks warm mit der Sauce servieren. Dazu passt: Knoblauchbrot vom Grill (siehe Seite 125).

**FÜR 4 PERSONEN**

# STEAK-SANDWICH
## MIT GEGRILLTEN ZWIEBELN UND KÄSE

**ZUBEREITUNGSZEIT:** 20 Min.
**GRILLZEIT:** 10–13 Min.
**ZUBEHÖR:** gelochte Grillpfanne

1 große Zwiebel, in feine Scheiben geschnitten
Je 1 rote und gelbe Paprikaschote, in feine Streifen geschnitten
2 Knoblauchzehen, in feine Scheiben geschnitten
2 EL Olivenöl
1 TL getrockneter Oregano
Grobes Meersalz
Frisch gemahlener schwarzer Pfeffer

2 Rib-Eye-Steaks ohne Knochen (je etwa 225 g schwer und 2 cm dick), überschüssiges Fett entfernt
Olivenöl
4 Ciabatta-Brötchen, längs halbiert
1 Knoblauchzehe, halbiert
8 dünne Scheiben Provolone (ital. Schnittkäse; je etwa 25 g)

### TIPP!

Das rohe Fleisch lässt sich leichter in dünne Scheiben schneiden, wenn Sie es vorher in Frischhaltefolie wickeln und für etwa 30 Min. ins Tiefkühlfach legen.

1. Den Grill für direkte starke Hitze (230–290 °C) vorbereiten (siehe Seite 10–11). Die Grillpfanne vorheizen.

2. Zwiebel, Paprika, Knoblauch, Öl und Oregano in einer großen Schüssel mit Salz und Pfeffer würzen und gut vermischen. Das Gemüse in einer Grillpfanne verteilen, es soll nebeneinander, aber nicht aufeinander liegen, und über ***direkter starker Hitze*** bei geschlossenem Deckel 5–6 Min. grillen, bis es leicht gebräunt und weich ist, dabei ab und zu wenden. In eine mittelgroße Schüssel umfüllen.

3. Die Steaks längs in 3 mm dünne Scheiben schneiden und in der großen Schüssel in so viel Öl wenden, dass sie dünn davon überzogen sind. Salzen, pfeffern, gut durchmischen. In der Grillpfanne über ***direkter starker Hitze*** bei geschlossenem Deckel 4–6 Min. grillen, bis die Fleischscheiben sich nach oben wölben und gebräunt sind, dabei gelegentlich wenden. Die Pfanne mit Grillhandschuhen vom Rost nehmen und auf eine hitzebeständige Unterlage stellen.

4. Den Grillrost mit der Bürste reinigen. Die Brötchen an den Schnittflächen dünn mit Öl bestreichen und die Schnittflächen etwa 1 Min. über ***direkter starker Hitze*** rösten. Die Brötchen vom Rost nehmen und die heißen Schnittflächen vorsichtig mit der Knoblauchzehe einreiben.

5. Je eine Brötchenhälfte mit 2 Scheiben Käse, Fleisch, Zwiebeln und Paprika belegen, mit der anderen Hälfte bedecken und die Sandwiche warm servieren.

**FÜR 4 PERSONEN**

# COWBOYSTEAKS
## MIT WÜRZIGER KRUSTE

**ZUBEREITUNGSZEIT: 10 Min.**
**GRILLZEIT: 6–8 Min.**
**ZUBEHÖR: Gewürzmühle**

### Für die Würzmischung

2 TL Kreuzkümmelsamen
1 TL Senfkörner
1 TL Koriandersamen
2 TL Paprikapulver
2 TL grobes Meersalz
2 TL brauner Zucker
½ TL Knoblauchgranulat
½ TL Cayennepfeffer

4 Rib-Eye-Steaks am Knochen, (je 300–350 g schwer und 2,5 cm dick), überschüssiges Fett entfernt
Olivenöl
Meersalz

1. Kreuzkümmel, Senf- und Koriandersamen in einer mittelgroßen Pfanne bei mittlerer Hitze 2–3 Min. rösten, bis sie duften, die Pfanne dabei gelegentlich rütteln. Die gerösteten Samen etwas abkühlen lassen und zusammen mit den restlichen Zutaten der Würzmischung in einer Gewürzmühle fein mahlen.

2. Steaks auf beiden Seiten dünn mit Öl bestreichen und gleichmäßig mit der Würzmischung einreiben. Vor dem Grillen 15–30 Min. Zimmertemperatur annehmen lassen.

3. Den Grill für direkte starke Hitze (230–290 °C) vorbereiten (siehe Seite 10–11).

4. Den Grillrost mit der Bürste reinigen. Die Steaks über ***direkter starker Hitze*** bei geschlossenem Deckel bis zum gewünschten Gargrad grillen (6–8 Min. für rosa/rot bzw. medium rare), dabei ein- bis zweimal wenden. Bei Flammenbildung das Fleisch vorübergehend über indirekte starke Hitze legen. Steaks vom Rost nehmen, 3–5 Min. ruhen lassen, mit Salz würzen und warm servieren. Dazu passt: Salat von gegrilltem Mais und schwarzen Bohnen (siehe Seite 121).

**FÜR 4 PERSONEN**

# RIB-EYE-STEAKS
## MIT WHISKY-BARBECUE-SAUCE

**ZUBEREITUNGSZEIT:** **40 Min.**
**MARINIERZEIT:** **45 Min.–4 Std.**
**GRILLZEIT:** **6–8 Min.**

### Für die Marinade

125 ml Whisky
100 g brauner Zucker
5 EL Sojasauce
5 EL frisch gepresster Zitronensaft
2 EL Worcestersauce
2 TL fein gehackter Knoblauch
2 TL gehackte frische Thymianblättchen

4 Rib-Eye-Steaks (je 300–350 g schwer und 2,5 cm dick), überschüssiges Fett entfernt

### Für die Sauce

Olivenöl
1 Zwiebel, fein gewürfelt
2 TL fein gehackter Knoblauch
300 ml Ketchup
75 ml Whisky
4 EL helle Molasse (Reformhaus)
3 EL Dijon-Senf
2 EL Worcestersauce
2 TL scharfe Chili-Knoblauch-Sauce (Asia-Laden)
1 TL Paprikapulver

1. Die Zutaten für die Marinade in einer mittelgroßen Schüssel verrühren. Die Steaks in einen großen, wiederverschließbaren Plastikbeutel geben und die Marinade dazugießen. Die Luft aus dem Beutel streichen, den Beutel fest verschließen und mehrmals wenden, damit sich die Marinade gut verteilt. Mind. 45 Min. und bis zu 4 Std. kalt stellen. Den Beutel dabei ein- bis zweimal wenden.

2. Vor dem Grillen das Fleisch im Beutel 15 bis 30 Min. Zimmertemperatur annehmen lassen.

3. Den Grill für direkte starke Hitze (230–290 °C) vorbereiten (siehe Seite 10–11).

4. In einem schweren Topf 2 EL Öl auf mittlerer Stufe erhitzen. Die Zwiebel darin in etwa 3 Min. glasig dünsten, dabei gelegentlich umrühren. Den Knoblauch 30 Sek. mitgaren, bis er duftet. Restliche Zutaten für die Sauce mit 3 EL Wasser hinzufügen, einmal aufkochen, die Hitze reduzieren und die Sauce 15 Min. köcheln lassen, dabei häufig umrühren. Vom Herd nehmen.

5. Die Marinade abgießen, die Steaks aus dem Beutel nehmen und mit Küchenpapier trockentupfen. Auf beiden Seiten dünn mit Öl bestreichen.

6. Den Grillrost mit der Bürste reinigen. Steaks über ***direkter starker Hitze*** bei geschlossenem Deckel bis zum gewünschten Gargrad grillen (6–8 Min. für rosa/rot bzw. medium rare), dabei ein- bis zweimal wenden. Bei Flammenbildung das Fleisch vorübergehend über indirekte Hitze legen. Vom Rost nehmen, 3–5 Min. ruhen lassen und warm mit der Sauce servieren.

**FÜR 4 PERSONEN**

# RIB-EYE-STEAKS
## MIT CHILIBUTTER

**ZUBEREITUNGSZEIT:** 15 Min.
**GRILLZEIT:** 6–8 Min.

### Für die Würzbutter
60 g weiche Butter
1 EL fein gehackte Chipotle-Schoten in Adobo-Sauce (getrocknete, geräucherte Jalapeño-Chilis aus der Dose)
1 TL brauner Zucker
¼ TL grobes Meersalz

### Für die Würzmischung
2 TL grobes Meersalz
1½ TL reines Chilipulver (vorzugsweise Ancho-Chilipulver)
1 TL ungesüßtes Kakaopulver
½ TL gemahlener schwarzer Pfeffer
½ TL brauner Zucker

4 Rib-Eye-Steaks (je etwa 300 g schwer und 2,5 cm dick), überschüssiges Fett entfernt
Olivenöl

1. In einer mittelgroßen Schüssel die Zutaten für die Würzbutter verkneten.

2. Den Grill für direkte starke Hitze (230–290 °C) vorbereiten (siehe Seite 10–11).

3. In einer kleinen Schüssel die Zutaten für die Würzmischung vermengen. Steaks auf beiden Seiten dünn mit Öl bestreichen und gleichmäßig mit der Würzmischung einreiben. Vor dem Grillen 15–30 Min. Zimmertemperatur annehmen lassen.

4. Den Grillrost mit der Bürste reinigen. Die Steaks über ***direkter starker Hitze*** bei geschlossenem Deckel bis zum gewünschten Gargrad grillen (6–8 Min. für rosa/rot bzw. medium rare), dabei ein- bis zweimal wenden. Bei Flammenbildung vorübergehend über indirekte Hitze legen. Vom Grill nehmen, jeweils etwas Chilibutter daraufsetzen und 3–5 Min. ruhen lassen. Warm servieren.

**FÜR 4 PERSONEN**

# RIB-EYE-STEAKS
## MIT TOMATEN-CHIMICHURRI-SAUCE

**ZUBEREITUNGSZEIT: 20 Min.**
**GRILLZEIT: 6–8 Min.**

### Für die Sauce

1 große Handvoll frische glatte Petersilienblätter samt zarten Stielen
125 ml Olivenöl
1 EL fein gehackte frische Korianderblätter
30 g getrocknete Tomaten in Öl, abgetropft
3 Knoblauchzehen, geschält
¾ TL zerstoßene Chiliflocken
Grobes Meersalz
Frisch gemahlener schwarzer Pfeffer

### Für die Würzmischung

1 EL gemahlene Kreuzkümmelsamen
1 EL gemahlene Koriandersamen
2 TL grobes Meersalz
¼ TL frisch gemahlener schwarzer Pfeffer

4 Rib-Eye-Steaks (je etwa 350 g schwer und 2,5 cm dick), überschüssiges Fett entfernt
Olivenöl

1. Die Zutaten für die Sauce in der Küchenmaschine zu einer leicht stückigen Mischung pürieren. Mit Salz und Pfeffer abschmecken. In eine kleine Schüssel umfüllen und beiseitestellen.

2. Die Zutaten für die Würzmischung in einer zweiten kleinen Schüssel vermengen. Die Steaks auf beiden Seiten dünn mit Öl bestreichen und gleichmäßig mit der Würzmischung einreiben. Vor dem Grillen 15–30 Min. Zimmertemperatur annehmen lassen.

3. Den Grill für direkte starke Hitze (230–290 °C) vorbereiten (siehe Seite 10–11).

4. Den Grillrost mit der Bürste reinigen. Steaks über ***direkter starker Hitze*** bei geschlossenem Deckel bis zum gewünschten Gargrad grillen (6–8 Min. für rosa/rot bzw. medium rare), dabei ein- bis zweimal wenden. Bei Flammenbildung das Fleisch vorübergehend über indirekte Hitze legen. Vom Rost nehmen, 3–5 Min. ruhen lassen und warm mit der Sauce servieren.

**FÜR 4 PERSONEN**

# STRIP-STEAKS
## MIT PILZEN, SPECK UND GORGONZOLA

**ZUBEREITUNGSZEIT: 30 Min.**
**MARINIERZEIT: 30–60 Min.**
**GRILLZEIT: 14–20 Min.**

### Für die Marinade

125 ml trockener Sherry
2 EL Olivenöl
2 EL Sojasauce
¼ TL frisch gemahlener schwarzer Pfeffer

### Für das Relish

3 große Portobello-Pilze (ersatzweise Riesenchampignons), Stiele und dunkle Lamellen entfernt
1 kleine Zwiebel, in 5 mm dicke Scheiben geschnitten
4 dicke Scheiben Räucherspeck, knusprig gebraten, zerkrümelt
1 TL gehackte frische Thymianblättchen
4 EL fein gehackte frische glatte Petersilienblätter
4 EL fein zerbröckelter Gorgonzola
Grobes Meersalz
Frisch gemahlener schwarzer Pfeffer

6 Rindersteaks aus dem hohen Roastbeef, (je etwa 350 g schwer und 2,5 cm dick), überschüssiges Fett entfernt
Olivenöl

1. Die Zutaten für die Marinade in einer großen Schüssel verrühren. Pilze und Zwiebelscheiben zufügen und mit der Marinade vermengen. Bei Zimmertemperatur mind. 30 Min. und bis zu 1 Std. marinieren, dabei ab und zu wenden.

2. Den Grill für direkte mittlere Hitze (175 bis 230 °C) vorbereiten (siehe Seite 10–11).

3. Den Grillrost mit der Bürste reinigen. Die Pilze, zunächst mit der Lamellenseite nach unten, über ***direkter mittlerer Hitze*** bei geschlossenem Deckel in 8–12 Min. weich grillen, dabei einmal wenden und gelegentlich mit der Marinade bestreichen. Gleichzeitig die Zwiebeln 6–8 Min. grillen, bis sie weich und leicht gebräunt sind, dabei einmal wenden.

4. Pilze und Zwiebeln klein schneiden und in einer Schüssel mit Speck, Thymian, Petersilie und Käse vermischen. Mit Salz und Pfeffer würzen.

5. Steaks dünn mit Öl bestreichen, salzen, pfeffern und vor dem Grillen 15–30 Min. Zimmertemperatur annehmen lassen.

6. Die Grilltemperatur auf starke Hitze erhöhen (230–290 °C). Steaks über ***direkter starker Hitze*** bei geschlossenem Deckel bis zum gewünschten Gargrad grillen (6–8 Min. für rosa/rot bzw. medium rare), in dieser Zeit ein- bis zweimal wenden. Bei Flammenbildung vorübergehend über indirekte Hitze legen. Vom Grill nehmen, 3–5 Min. ruhen lassen und warm mit dem Relish servieren. Dazu passt: Maiskolben mit Basilikum-Parmesan-Butter (siehe Seite 120).

**FÜR 6 PERSONEN**

# STEAKS NEW YORK
## MIT FENCHELKRUSTE

**ZUBEREITUNGSZEIT:** 10 Min.
**GRILLZEIT:** 6–8 Min.
**ZUBEHÖR:** Gewürzmühle

### Für die Würzmischung

1 EL Fenchelsamen
1 EL schwarze Pfefferkörner
2 TL Senfkörner
1 TL Kreuzkümmelsamen
1 TL grobes Meersalz
½ TL Knoblauchgranulat

4 Rindersteaks aus dem hohen Roastbeef, (je 225–300 g schwer und 2,5 cm dick), überschüssiges Fett entfernt
Olivenöl
Meersalz

1. Fenchelsamen, Pfefferkörner, Senfkörner und Kreuzkümmelsamen in einer mittelgroßen Pfanne bei mittlerer Hitze 2–3 Min. ohne Fett rösten, bis sie duften. Die Pfanne dabei gelegentlich rütteln. Etwas abkühlen lassen und in einer Gewürzmühle mit den restlichen Zutaten für die Würzmischung grob mahlen.

2. Steaks auf beiden Seiten mit Öl bestreichen, anschließend mit der Würzmischung einreiben. Die Gewürze dabei sanft ins Fleisch drücken. Das Fleisch vor dem Grillen 15–30 Min. Zimmertemperatur annehmen lassen.

3. Den Grill für direkte starke Hitze (230–290 °C) vorbereiten (siehe Seite 10–11).

4. Den Grillrost mit der Bürste reinigen. Steaks über ***direkter starker Hitze*** bei geschlossenem Deckel bis zum gewünschten Gargrad grillen (6–8 Min. für rosa/rot bzw. medium rare), dabei ein- bis zweimal wenden. Bei Flammenbildung das Fleisch vorübergehend über indirekte Hitze legen. Vom Grill nehmen, 3–5 Min. ruhen lassen, anschließend mit etwas Meersalz bestreuen und warm servieren. Dazu passt: Gegrillte Möhren (siehe Seite 117).

**FÜR 4 PERSONEN**

# IM HOLZRAUCH GEGRILLTE STRIP-STEAKS
## MIT WÜRZPASTE

**ZUBEREITUNGSZEIT: 10 Min.**
**GRILLZEIT: 6–8 Min.**

### Für die Würzpaste

2 EL Olivenöl
2 EL Worcestersauce
2 TL zerstoßene schwarze Pfefferkörner
2 TL Knoblauchgranulat
1½ TL grobes Meersalz
1 TL geräuchertes Paprikapulver (Feinkostladen)
1 TL gemahlene Kreuzkümmelsamen
½ TL gemahlener Zimt

4 Rindersteaks aus dem hohen Roastbeef, (je 300–350 g schwer und 2,5 cm dick), überschüssiges Fett entfernt

2 Handvoll Mesquite-Räucherspäne, mind. 30 Min. gewässert

1. Die Zutaten für die Würzpaste in einer kleinen Schüssel vermischen. Die Steaks gleichmäßig mit der Paste bestreichen und vor dem Grillen 15–30 Min. Zimmertemperatur annehmen lassen.

2. Den Grill für direkte starke Hitze (230–290 °C) vorbereiten (siehe Seite 10–11).

3. Den Grillrost mit der Bürste reinigen. Die Räucherspäne abtropfen lassen, auf die Glut legen oder nach Herstelleranweisung in die Räucherbox des Gasgrills geben. Sobald sie zu rauchen beginnen, die Steaks über ***direkte starke Hitze*** legen, den Deckel schließen und das Fleisch bis zum gewünschten Gargrad grillen (6–8 Min. für rosa/rot bzw. medium rare), dabei ein- bis zweimal wenden. Bei Flammenbildung vorübergehend über indirekte Hitze legen. Vom Grill nehmen, 3–5 Min. ruhen lassen und warm servieren. Dazu passt: Baked Beans (siehe Seite 125).

**FÜR 4 PERSONEN**

# STEAKHOUSE-SALAT

## MIT EINEM DRESSING AUS BLAUSCHIMMELKÄSE

**ZUBEREITUNGSZEIT: 15 Min.**
**GRILLZEIT: 6–8 Min.**

### Für den Salat

3 Mini-Romanasalate, halbiert, Strunk entfernt, Blätter grob zerpflückt
250 g Kirschtomaten, halbiert
1 Handvoll frische glatte Petersilienblätter
½ rote Zwiebel, in hauchdünne Halbringe geschnitten

4 Rindersteaks aus dem hohen Roastbeef, (je 300–350 g schwer und 2,5 cm dick), überschüssiges Fett entfernt
Olivenöl
Grobes Meersalz
Frisch gemahlener schwarzer Pfeffer

### Für das Dressing

125 ml Olivenöl
50 g Blauschimmelkäse, zerbröckelt
60 ml Rotweinessig
1 TL grobes Meersalz
½ TL frisch gemahlener schwarzer Pfeffer

1. Die Zutaten für den Salat in einer großen Schüssel vermengen.

2. Die Steaks auf beiden Seiten dünn mit Öl bestreichen, anschließend mit Salz und Pfeffer würzen. Vor dem Grillen 15–30 Min. Zimmertemperatur annehmen lassen.

3. Den Grill für direkte starke Hitze (230–290 °C) vorbereiten (siehe Seite 10–11).

4. Den Grillrost mit der Bürste reinigen. Steaks über ***direkter starker Hitze*** bei geschlossenem Deckel bis zum gewünschten Gargrad grillen (6 bis 8 Min. für rosa/rot bzw. medium rare), dabei ein- bis zweimal wenden. Bei Flammenbildung vorübergehend über indirekte starke Hitze legen. Die fertigen Steaks auf einem Schneidebrett 3–5 Min. ruhen lassen.

5. Inzwischen die Zutaten für das Dressing in einer kleinen Schüssel verrühren. Den Salat mit Dressing beträufeln und durchmischen. Gleichmäßig auf Teller verteilen.

6. Steaks in dünne Scheiben schneiden, auf dem Salat anrichten und mit übrigem Dressing servieren.

**FÜR 6–8 PERSONEN**

# CHICAGO STRIP-STEAKS
## MIT CREMIGER SENFSAUCE

**ZUBEREITUNGSZEIT:** 15 Min.
**GRILLZEIT:** 6–8 Min.

6 Rindersteaks aus dem hohen Roastbeef, (je 300–350 g schwer und 2,5 cm dick), überschüssiges Fett entfernt
Olivenöl
1 EL grobes Meersalz
1 TL zerstoßene schwarze Pfefferkörner
1 TL Knoblauchgranulat
½ TL getrockneter Oregano
½ TL getrockneter Thymian

### Für die Sauce
1 EL Butter
2 EL fein gehackte Schalotte
2 EL Cognac oder Brandy (nach Belieben)
125 ml Rinderbrühe
175 g Sahne
3 EL körniger Senf
Grobes Meersalz

1. Steaks auf beiden Seiten dünn mit Öl bestreichen und gleichmäßig mit Salz, Pfefferkörnern, Knoblauchgranulat und getrockneten Kräutern würzen. Vor dem Grillen 15–30 Min. Zimmertemperatur annehmen lassen.

2. Den Grill für direkte starke Hitze (230–290 °C) vorbereiten (siehe Seite 10–11).

3. In einem mittelgroßen Topf die Butter bei mittlerer Hitze zerlassen. Die Schalotten in der Butter 1–2 Min. glasig dünsten, dabei häufig rühren. Nach Belieben den Cognac oder Brandy zugießen und unter Rühren 30 Sek. einkochen lassen. Anschließend die Brühe hinzufügen, bei starker Hitze aufkochen und 2–3 Min. kochen lassen, bis sie um die Hälfte reduziert ist. Sahne dazugeben, erhitzen, aber nicht kochen, dann den Senf einrühren und die Sauce 3–5 Min. köcheln lassen, bis sie auf etwa 175 ml reduziert und so dick ist, dass sie den Rücken eines Holzlöffels überzieht. Mit Salz abschmecken und beiseitestellen.

4. Den Grillrost mit der Bürste reinigen. Die Steaks über ***direkter starker Hitze*** bei geschlossenem Deckel bis zum gewünschten Gargrad grillen (6–8 Min. für rosa/rot bzw. medium rare), dabei ein- bis zweimal wenden. Bei Flammenbildung das Fleisch vorübergehend über indirekte starke Hitze legen. Fleisch vom Grill nehmen und 3–5 Min. ruhen lassen.

5. Während die Steaks ruhen, die Sauce bei kleiner Hitze aufwärmen. Die Steaks auf Tellern anrichten, etwas Sauce darüberlöffeln und warm servieren.

**FÜR 6 PERSONEN**

# STRIP-STEAKS
## MIT KAFFEEWÜRZE

**ZUBEREITUNGSZEIT: 5 Min.**
**GRILLZEIT: 8–10 Min.**

### Für die Würzmischung

2 EL grob gemahlene dunkel geröstete Kaffeebohnen
2 TL grobes Meersalz
1 TL Vollrohrzucker
¾ TL frisch gemahlener schwarzer Pfeffer
½ TL Knoblauchgranulat

4 Rindersteaks aus dem hohen Roastbeef (je 250–300 g schwer und 3 cm dick), überschüssiges Fett entfernt
Olivenöl

1. Die Zutaten für die Würzmischung in einer kleinen Schüssel vermengen.

2. Die Steaks auf beiden Seiten dünn mit Öl bestreichen und gleichmäßig mit der Würzmischung einreiben. Vor dem Grillen 15–30 Min. Zimmertemperatur annehmen lassen.

3. Den Grill für direkte starke Hitze (230–290 °C) vorbereiten (siehe Seite 10–11).

4. Den Grillrost mit der Bürste reinigen. Die Steaks über ***direkter starker Hitze*** bei geschlossenem Deckel bis zum gewünschten Gargrad grillen (8–10 Min. für rosa/rot bzw. medium rare), dabei ein- bis zweimal wenden. Bei Flammenbildung das Fleisch vorübergehend über indirekte Hitze legen. Vom Grill nehmen, 3–5 Min. ruhen lassen und warm servieren. Dazu passt: Maiskolben mit Basilikum-Parmesan-Butter (siehe Seite 120).

**FÜR 4 PERSONEN**

# NEW YORK STRIP-STEAKS
## MIT BASILIKUM-RUCOLA-PESTO

**ZUBEREITUNGSZEIT:** 15 Min.
**GRILLZEIT:** 6–8 Min.

### Für das Pesto

50 g zarte Rucolablätter
15 g frische Basilikumblätter
2 EL grob gehackte Walnusskerne, geröstet
1 Knoblauchzehe, grob gehackt
½ TL fein abgeriebene Schale von
1 Bio-Zitrone
Olivenöl
Grobes Meersalz
Frisch gemahlener schwarzer Pfeffer

6 Rindersteaks aus dem hohen Roastbeef, (je 250–300 g schwer und 2,5 cm dick), überschüssiges Fett entfernt

1. Rucola, Basilikum, Walnüsse, Knoblauch und abgeriebene Zitronenschale in die Küchenmaschine geben und grob hacken. Bei laufendem Motor langsam so viel Öl (etwa 60 ml) zugießen, bis die Zutaten sich zu einem geschmeidigen Pesto verbunden haben. Mit Salz und Pfeffer abschmecken.

2. Die Steaks auf beiden Seiten dünn mit Öl bestreichen, salzen und pfeffern. Vor dem Grillen 15–30 Min. Zimmertemperatur annehmen lassen.

3. Den Grill für direkte starke Hitze (230–290 °C) vorbereiten (siehe Seite 10–11).

4. Den Grillrost mit der Bürste reinigen. Steaks über ***direkter starker Hitze*** bei geschlossenem Deckel bis zum gewünschten Gargrad grillen (6–8 Min. für rosa/rot bzw. medium rare), dabei ein- bis zweimal wenden. Bei Flammenbildung das Fleisch vorübergehend über indirekte Hitze legen. Vom Grill nehmen und 3–5 Min. ruhen lassen. Steaks jeweils mit einem Klecks Pesto auf Tellern anrichten, warm servieren. Dazu passt: Knackiger Sommersalat von Mais und Tomaten (siehe Seite 121).

**FÜR 6 PERSONEN**

# NEW YORK STRIP-STEAKS

## MIT PIKANTER BARBECUE-SAUCE

**ZUBEREITUNGSZEIT:** 20 Min.
**GRILLZEIT:** 6–8 Min.
**ZUBEHÖR:** Gewürzmühle oder Mörser

### Für die Würzmischung

1 EL schwarze Pfefferkörner
1 TL Chilipulver (Gewürzmischung)
1 TL grobes Meersalz
1 TL brauner Zucker
¼ TL Knoblauchgranulat
¼ TL Zwiebelgranulat

### Für die Sauce

125 ml Ketchup
1 EL Worcestersauce
1 EL Rotweinessig
1 TL Vollrohrzucker
1 TL Chilipulver (Gewürzmischung)
1 TL Zwiebelgranulat
¼ TL frisch gemahlener schwarzer Pfeffer

4 Rindersteaks aus dem hohen Roastbeef, (je 300–350 g schwer und 2,5 cm dick), überschüssiges Fett entfernt
Olivenöl

1. Die Pfefferkörner in einer Gewürzmühle oder im Mörser zerstoßen. In einer kleinen Schüssel mit den restlichen Zutaten für die Würzmischung vermengen.

2. In einem kleinen Topf die Zutaten für die Sauce mit 60 ml Wasser vermischen. Bei kleiner Hitze etwa 10 Min. unter gelegentlichem Rühren köcheln lassen, bis sich der Zucker vollständig aufgelöst hat und sich alle Aromen verbunden haben. Vom Herd nehmen und beiseitestellen.

3. Die Steaks auf beiden Seiten dünn mit Öl bestreichen und gleichmäßig mit der Würzmischung einreiben. Das Fleisch vor dem Grillen 15–30 Min. Zimmertemperatur annehmen lassen.

4. Den Grill für direkte starke Hitze (230–290 °C) vorbereiten (siehe Seite 10–11).

5. Den Grillrost mit der Bürste reinigen. Steaks über ***direkter starker Hitze*** bei geschlossenem Deckel bis zum gewünschten Gargrad grillen (6–8 Min. für rosa/rot bzw. medium rare), dabei ein- bis zweimal wenden. Bei Flammenbildung das Fleisch vorübergehend über indirekte Hitze legen. Vom Grill nehmen und 3–5 Min. ruhen lassen. Die Steaks warm mit der Barbecue-Sauce servieren. Dazu passt: Maisbrot aus der Pfanne mit Speck und Schnittlauch (siehe Seite 124).

**FÜR 4 PERSONEN**

# ZITRONENGRAS-STEAKS

## MIT THAILÄNDISCHEM REIS

**ZUBEREITUNGSZEIT:** 40 Min.
**MARINIERZEIT:** 1–2 Std.
**GRILLZEIT:** 4–6 Min.

### Für die Marinade

5 EL fein gehacktes frisches Zitronengras
2 EL Fischsauce (Asia-Laden)
2 EL Sojasauce
6 Knoblauchzehen, fein gehackt
1 EL Zucker
1 EL geröstetes Sesamöl (Asia-Laden)

4 Rindersteaks aus dem hohen Roastbeef, (je 175 g schwer und 2 cm dick,) überschüssiges Fett entfernt

### Für das Dressing

75 ml Fischsauce (Asia-Laden)
75 ml frisch gepresster Limettensaft
2 EL Zucker
1 TL scharfe Chili-Knoblauch-Sauce (Asia-Laden)

750 g frisch gegarter weißer oder brauner Reis (entspricht 250 g rohem Reis)
4 mittelgroße Möhren, fein gerieben
1 Gurke, längs halbiert, quer in feine Scheiben geschnitten
150 g Bohnensprossen, grob zerkleinert
4 Frühlingszwiebeln, in feine Scheiben geschnitten (ohne die dunkelgrünen Enden)
75 g geröstete Erdnüsse, gehackt

1. In einer kleinen Schüssel die Zutaten für die Marinade verrühren. Die Steaks in einen großen, wiederverschließbaren Plastikbeutel geben und die Marinade dazugießen. Die Luft aus dem Beutel streichen, den Beutel fest verschließen und mehrmals wenden, damit sich die Marinade gut verteilt. Für 1–2 Std. in den Kühlschrank stellen.

2. Die Zutaten für das Dressing in einer zweiten kleinen Schüssel verrühren.

3. Die Marinade abgießen, die Steaks aus dem Beutel nehmen. Vor dem Grillen 15–30 Min. Zimmertemperatur annehmen lassen.

4. Den Grill für direkte starke Hitze (230–290 °C) vorbereiten (siehe Seite 10–11).

5. Den Grillrost mit der Bürste reinigen. Steaks über ***direkter starker Hitze*** bei geschlossenem Deckel bis zum gewünschten Gargrad grillen, (4–6 Min. für rosa/rot bzw. medium rare), dabei ein- bis zweimal wenden. Bei Flammenbildung vorübergehend über indirekte Hitze legen. Auf einem Schneidebrett 3–5 Min. ruhen lassen.

6. Steaks in dünne Scheiben schneiden. Je eine Portion Reis in die Mitte eines Tellers geben und das Gemüse um den Reis verteilen. Das Dressing noch einmal aufschlagen, Reis und Gemüse damit beträufeln (evtl. benötigen Sie nicht das gesamte Dressing). Steakscheiben auf Reis und Gemüse anrichten, mit Erdnüssen bestreuen und servieren.

**FÜR 4 PERSONEN**

# STEAK MIT SPIEGELEI
## UND GREMOLATA

**ZUBEREITUNGSZEIT:** 15 Min.
**GRILLZEIT:** 6–8 Min.

### Für die Gremolata

2 EL fein gehackte frische glatte Petersilienblätter
½ TL fein abgeriebene Schale von 1 Bio-Zitrone
½ TL fein geriebener Knoblauch

4 Rindersteaks aus dem hohen Roastbeef, (je etwa 350 g schwer und 2,5 cm dick), überschüssiges Fett entfernt
Olivenöl
Grobes Meersalz
Frisch gemahlener schwarzer Pfeffer

2 EL Butter
4 Eier (Größe L)
4 Scheiben Brot, geröstet (nach Belieben)
Tabasco (nach Belieben)

Gremolata ist eine italienische Gewürzmischung auf der Grundlage von gehackter Petersilie, abgeriebener Zitronenschale und Knoblauch. Ihr frisches, feines Aroma passt ausgezeichnet zu gegrillten Steaks.

1. Die Zutaten für die Gremolata in einer kleinen Schüssel vermischen.

2. Die Steaks auf beiden Seiten dünn mit Öl bestreichen und mit insgesamt 1 TL Salz und ¾ TL Pfeffer würzen. Vor dem Grillen 15–30 Min. Zimmertemperatur annehmen lassen.

3. Den Grill für direkte starke Hitze (230–290 °C) vorbereiten (siehe Seite 10–11).

4. Den Grillrost mit der Bürste reinigen. Die Steaks über ***direkter starker Hitze*** bei geschlossenem Deckel bis zum gewünschten Gargrad grillen (6–8 Min. für rosa/rot bzw. medium rare), dabei ein- bis zweimal wenden. Bei Flammenbildung das Fleisch vorübergehend über indirekte Hitze legen. Vom Grill nehmen und 3–5 Min. ruhen lassen.

5. Inzwischen die Spiegeleier zubereiten. Dafür die Butter in einer großen beschichteten Pfanne bei mittlerer Hitze zerlassen. Die Eier so behutsam in die Pfanne schlagen, dass das Eigelb nicht zerläuft. Mit Salz und Pfeffer würzen und 3–5 Min. braten, bis das Eiweiß fest ist.

6. Die Steaks in dünne Scheiben schneiden und nach Belieben jeweils auf den gerösteten Brotscheiben auf einem Teller anrichten. Das Spiegelei darauflegen und mit etwas Gremolata bestreuen. Nach Belieben mit einem Spritzer Tabasco verfeinern und warm servieren.

**FÜR 4 PERSONEN**

# FILET MIGNON
## MIT KREBSFLEISCH-GUACAMOLE

**ZUBEREITUNGSZEIT: 25 Min.**
**GRILLZEIT: 15–20 Min.**

### Für die Guacamole

1 große milde Chilischote (vorzugsweise Poblano; 12–15 cm lang)
1 Avocado, das Fruchtfleisch gewürfelt
50 g Frischkäse, glatt gerührt
2 EL frisch gepresster Limettensaft
100 g weißes Krebsfleisch (aus der Dose)
2 Frühlingszwiebeln, in dünne Scheiben geschnitten (ohne die dunkelgrünen Enden)
1 EL grob gehackte frische Korianderblätter
½ TL Tabasco
½ TL grobes Meersalz
1 kräftige Prise frisch gemahlener schwarzer Pfeffer

4 Rinderfiletsteaks (je 225 g schwer und 4 cm dick)
Olivenöl
Grobes Meersalz
Frisch gemahlener schwarzer Pfeffer

1. Den Grill für direkte mittlere Hitze (175–230 °C) vorbereiten (siehe Seite 10–11).

2. Den Grillrost mit der Bürste reinigen. Die Chilischote über ***direkter mittlerer Hitze*** bei geschlossenem Deckel 7–12 Min. grillen, bis ihre Haut stellenweise schwarz ist und Blasen wirft, dabei gelegentlich wenden. In eine Schüssel legen, mit Frischhaltefolie abdecken, 10 Min. ruhen lassen.

3. Die Schote aus der Schüssel nehmen und die verkohlte Haut abziehen. Stielansatz, Trennhäute und Kerne entfernen. Das Chilifruchtfleisch mit Avocado, Frischkäse und Limettensaft in der Küchenmaschine fein pürieren. In eine mittelgroße Schüssel umfüllen und mit dem Krebsfleisch, den Frühlingszwiebeln und den Korianderblättern vermischen. Die Guacamole mit Tabasco, Salz und Pfeffer abrunden. Bei Zimmertemperatur durchziehen lassen, bis die Steaks fertig sind.

4. Steaks auf beiden Seiten dünn mit Öl bestreichen, mit Salz und Pfeffer würzen. Vor dem Grillen 15–30 Min. Zimmertemperatur annehmen lassen.

5. Die Grilltemperatur auf starke Hitze (230 bis 290 °C) erhöhen. Die Steaks über ***direkter starker Hitze*** und bei geschlossenem Deckel bis zum gewünschten Gargrad grillen (etwa 8 Min. für rosa/rot bzw. medium rare), dabei ein- bis zweimal wenden. Bei Flammenbildung das Fleisch vorübergehend über indirekte starke Hitze legen. Vom Grill nehmen und 3–5 Min. ruhen lassen. Steaks mit Guacamole auf Tellern anrichten und warm servieren.

**FÜR 4 PERSONEN**

# TEXMEX-FILETSTREIFEN

## MIT AVOCADO, KÄSE UND TORTILLAS

**ZUBEREITUNGSZEIT:** **20 Min.**
**MARINIERZEIT:** **1–2 Std.**
**GRILLZEIT:** **3–5 Min.**

### Für die Marinade

60 ml frisch gepresster Limettensaft
60 ml Olivenöl
2 TL grobes Meersalz
1 TL frisch gemahlener schwarzer Pfeffer

4 Rinderfiletsteaks (je 175–225 g schwer und 3,5–4 cm dick)

12 Mais- oder Weizenmehltortillas (ø 15–20 cm)
2 reife Avocados, das Fruchtfleisch in Scheiben geschnitten
100 g Queso fresco (mexik. Frischkäse; ersatzweise Feta), zerbröckelt
4 EL frische Korianderblätter
1 Limette, geviertelt

1. Die Zutaten für die Marinade in einer großen Glas- oder Edelstahlschüssel verrühren.

2. Steaks zu langen Fleischstreifen aufschneiden. Dafür jedes Steak seitlich auf ein Schneidebrett stellen und mit einem sehr scharfen Messer quer etwa 1,5 cm tief einschneiden. Die Messerklinge um 90 Grad drehen und, immer der Rundung des Filets folgend, das Fleisch zu einem 1,5 cm dicken Streifen schneiden. Die Streifen in die Schüssel zur Marinade geben, darin wenden und abgedeckt 1–2 Std. kalt stellen.

3. Den Grill für direkte starke Hitze (230–290 °C) vorbereiten (siehe Seite 10–11).

4. Den Grillrost mit der Bürste reinigen. Filetstreifen aus der Marinade nehmen und überschüssige Marinade abtropfen lassen. Marinade weggießen. Die Filetstreifen über ***direkter starker Hitze*** bei geschlossenem Deckel grillen, bis sie den gewünschten Gargrad erreicht haben (2–4 Min. für rosa/rot bzw. medium rare), dabei ein- bis zweimal wenden. Bei Flammenbildung vorübergehend über indirekte Hitze legen. Vom Grill nehmen und auf einem Schneidebrett 2 Min. ruhen lassen.

5. Inzwischen die Tortillas etwa 30 Sek. über ***direkter starker Hitze*** bei geöffnetem Deckel erwärmen, dabei ein-bis zweimal wenden.

6. Filetstreifen in kleinere Stücke schneiden. Mit Avocado, Käse, Koriander, Limetten und Tortillas auf einer großen Platte anrichten und die Tortillas mit Fleisch und Beilagen nach Wahl belegen.

**FÜR 4 PERSONEN**

# FILET MIGNON
## MIT ASIA-SAUCE

**ZUBEREITUNGSZEIT: 15 Min.**
**GRILLZEIT: 6–8 Min.**

### Für die Sauce
1 EL fein gehackter frischer Ingwer
1 Knoblauchzehe, zerdrückt
1 TL Öl
1 EL fein abgeriebene Schale von 1 Bio-Orange
75 ml frisch gepresster Orangensaft
4 EL Hoisin-Sauce (Asia-Laden)

4 Rinderfiletsteaks (je etwa 225 g schwer und 2,5 cm dick)

Öl
Grobes Meersalz
Gemahlener schwarzer Pfeffer

1. In einem kleinen Topf Ingwer und Knoblauch bei kleiner Hitze etwa 2 Min. in Öl braten, bis sie duften. Die restlichen Zutaten für die Sauce einrühren und 5 Min. köcheln lassen. Den Topf vom Herd nehmen.

2. Den Grill für direkte starke Hitze (230–290 °C) vorbereiten (siehe Seite 10–11).

3. Steaks auf beiden Seiten dünn mit Öl bestreichen, mit Salz und Pfeffer würzen. Vor dem Grillen 15–30 Min. Zimmertemperatur annehmen lassen.

4. Den Grillrost mit der Bürste reinigen. Die Steaks über ***direkter starker Hitze*** bei geschlossenem Deckel bis zum gewünschten Gargrad grillen (6–8 Min. für rosa/rot bzw. medium rare), dabei ein- bis zweimal wenden. Bei Flammenbildung das Fleisch vorübergehend über indirekte Hitze legen. Auf einer Platte 3–5 Min. ruhen lassen, anschließend warm mit der Sauce servieren. Dazu passt: Eingelegte Gurken (siehe Seite 123).

**FÜR 4 PERSONEN**

# FILET MIGNON
## MIT KNOBLAUCHGARNELEN

**ZUBEREITUNGSZEIT: 10 Min.**
**GRILLZEIT: 17–20 Min.**

4 Rinderfiletsteaks (je 225 g schwer und 3,5–4 cm dick)
Olivenöl
2½ TL grobes Meersalz
½ TL frisch gemahlener schwarzer Pfeffer

125 g Butter
2 große Knoblauchzehen, grob gehackt

12 sehr große Garnelen, geschält, Darm entfernt, mit Schwanzsegment
Fein abgeriebene Schale von 1 Bio-Zitrone
¼ TL zerstoßene Chiliflocken

2 EL gehackte frische glatte Petersilienblätter

1. Die Steaks auf beiden Seiten dünn mit Öl bestreichen und gleichmäßig mit 2 TL Salz und dem Pfeffer würzen. Vor dem Grillen 15–30 Min. Zimmertemperatur annehmen lassen.

2. Den Grill für direkte mittlere Hitze (175–230 °C) vorbereiten (siehe Seite 10–11).

3. Butter und Knoblauch in einem kleinen Topf auf mittlerer Stufe erhitzen, bis die Butter aufschäumt. Vom Herd nehmen und den Knoblauch 5 Min. ziehen lassen.

4. Die Garnelen in eine mittelgroße Schüssel geben und mit 2 EL der Knoblauchbutter vermischen. Restliche Knoblauchbutter beiseitestellen. Die Garnelen mit abgeriebener Zitronenschale, ½ TL Salz und den Chiliflocken würzen.

5. Den Grillrost mit der Bürste reinigen. Steaks über ***direkter mittlerer Hitze*** bei geschlossenem Deckel grillen, bis sie den gewünschten Gargrad erreicht haben (12–14 Min. für rosa/rot bzw. medium rare), dabei ein- bis zweimal wenden. Bei Flammenbildung vorübergehend über indirekte Hitze legen. Fleisch vom Grill nehmen und 3–5 Min. ruhen lassen.

6. Inzwischen die Garnelen über ***direkter mittlerer Hitze*** bei geschlossenem Deckel 5–6 Min. grillen, dabei einmal wenden, bis sie fest, außen leicht gebräunt und innen nicht mehr glasig sind.

7. Knoblauchbutter kurz aufwärmen. Die Steaks auf Tellern anrichten, jeweils 3 Garnelen obendrauf geben, mit der Butter beträufeln und mit Petersilie bestreuen. Warm servieren.

**FÜR 4 PERSONEN**

# FILET MIGNON MIT PFEFFERKRUSTE
## UND ZITRONEN-PETERSILIEN-BUTTER

**ZUBEREITUNGSZEIT:** 15 Min.
**GRILLZEIT:** 12–14 Min.

### Für die Würzbutter
60 g weiche Butter
2 EL fein gehackte frische glatte Petersilienblätter
½ TL fein abgeriebene Schale von 1 Bio-Zitrone
¼ TL grobes Meersalz

### Für die Würzmischung
1 EL grob gemahlener schwarzer Pfeffer
1½ TL grobes Meersalz
1 TL Knoblauchgranulat

4 Rinderfiletsteaks (je 225 g schwer und 3,5–4 cm dick)
Olivenöl

1. In einer kleinen Schüssel die Zutaten für die Würzbutter mit einer Gabel verkneten.

2. In einer zweiten kleinen Schüssel die Zutaten für die Würzmischung vermengen.

3. Den Grill für direkte mittlere Hitze (175–230 °C) vorbereiten (siehe Seite 10–11).

4. Die Steaks auf beiden Seiten mit Öl bestreichen, anschließend gleichmäßig mit der Würzmischung einreiben. Vor dem Grillen 15–30 Min. Zimmertemperatur annehmen lassen.

5. Den Grillrost mit der Bürste reinigen. Steaks über ***direkter mittlerer Hitze*** bei geschlossenem Deckel bis zum gewünschten Gargrad grillen (12–14 Min. für rosa/rot bzw. medium rare), dabei ein- bis zweimal wenden. Bei Flammenbildung das Fleisch vorübergehend über indirekte Hitze legen. Vom Grill nehmen und 3–5 Min. ruhen lassen. Die Steaks mit der Würzbutter bestreichen und warm servieren. Dazu passt: Butterweiche Zwiebeln vom Holzkohlegrill (siehe Seite 116).

**FÜR 4 PERSONEN**

# FILET MIGNON
## MIT OLIVENPESTO

**ZUBEREITUNGSZEIT: 15 Min.**
**GRILLZEIT: 6–8 Min.**

### Für das Pesto
1 große Handvoll frische Basilikumblätter
6 schwarze Kalamata-Oliven, entsteint
1 EL Pinienkerne
1 kleine Knoblauchzehe, geschält
60 ml Olivenöl
4 EL frisch geriebener Parmesan

4 Rinderfiletsteaks (je 175–225 g schwer und 2,5 cm dick)
Olivenöl
1 TL grobes Meersalz
½ TL gemahlener schwarzer Pfeffer

1. Basilikum, Oliven, Pinienkerne und Knoblauch in der Küchenmaschine fein hacken. Öl und Käse hinzufügen und kurz durchmixen.

2. Die Steaks auf beiden Seiten mit Öl bestreichen und gleichmäßig mit Salz und Pfeffer würzen. Vor dem Grillen 15–30 Min. Zimmertemperatur annehmen lassen.

3. Den Grill für direkte starke Hitze (230–290 °C) vorbereiten (siehe Seite 10–11).

4. Den Grillrost mit der Bürste reinigen. Steaks über ***direkter starker Hitze*** bei geschlossenem Deckel bis zum gewünschten Gargrad grillen (6–8 Min. für rosa/rot bzw. medium rare), dabei ein- bis zweimal wenden. Bei Flammenbildung vorübergehend über indirekte Hitze legen. Das Fleisch vom Grill nehmen und 3–5 Min. ruhen lassen. Jeweils etwas Pesto auf die Steaks geben und warm servieren. Dazu passt: Gegrillter grüner Spargel (siehe Seite 112).

**FÜR 4 PERSONEN**

# FILET-MIGNON-CROSTINI
## MIT ZWIEBELCONFIT UND MEERRETTICHCREME

**ZUBEREITUNGSZEIT:** etwa 1 Std.
**GRILLZEIT:** 14–16 Min.

### Für das Confit

2 EL Butter
2 EL Olivenöl
2 große milde Zwiebeln (je etwa 350 g), in dünne Scheiben geschnitten
½ TL grobes Meersalz
125 ml Aceto balsamico
200 g Vollrohrzucker
35 g Korinthen oder Rosinen

3 Rinderfiletsteaks (je 225 g schwer und 3,5–4 cm dick)
1 EL Olivenöl
1½ TL grobes Meersalz
¾ TL gemahlener schwarzer Pfeffer

### Für die Crostini

1 Baguette, in 25 fingerdicke Scheiben geschnitten
Olivenöl
2 Knoblauchzehen, halbiert

5 EL Schmand
3 EL Meerrettich (aus dem Glas)
¼ TL grobes Meersalz
½ TL frisch gemahlener schwarzer Pfeffer
1 Bund Schnittlauch, in Röllchen geschnitten (nach Belieben)

1. In einer großen Pfanne Butter und Olivenöl auf mittlerer bis hoher Stufe erhitzen. Zwiebeln und Salz hinzufügen, etwa 10 Min. unter gelegentlichem Rühren braten, bis die Zwiebeln weich und gut gebräunt sind und sich ihr Volumen um etwa die Hälfte reduziert hat. Essig, Zucker, Korinthen oder Rosinen unterrühren und die Mischung bei mittlerer bis kleiner Hitze etwa 35 Min. köcheln lassen, bis die Mischung eine marmeladenartige Konsistenz angenommen hat. Vom Herd nehmen und das Confit auf Zimmertemperatur abkühlen lassen. Dabei dickt es weiter ein. (So vorbereitet können Sie das Confit bis zu 2 Tage abgedeckt im Kühlschrank aufbewahren. Vor dem Servieren Zimmertemperatur annehmen lassen.)

2. Den Grill für direkte mittlere Hitze (175–230 °C) vorbereiten (siehe Seite 10–11).

Je kräftiger die Zwiebeln gebräunt sind, umso intensiver ist das Aroma des Confits. Beim Braten jedoch stets die Hitze kontrollieren und häufig umrühren, damit sie nicht anbrennen.

3. Die Steaks auf beiden Seiten dünn mit Öl bestreichen, mit Salz und Pfeffer würzen. Vor dem Grillen 15–30 Min. Zimmertemperatur annehmen lassen.

4. Die Baguettescheiben nur auf einer Seite dünn mit Öl bepinseln. Mit der eingeölten Seite nach unten über ***direkter mittlerer Hitze*** knapp 2 Min. rösten. Abkühlen lassen, anschließend die gegrillte Seite leicht mit Knoblauch einreiben.

5. Schmand, Meerrettich, Salz und Pfeffer in einer kleinen Schüssel glatt rühren. Abgedeckt bis zur Verwendung kalt stellen.

6. Die Steaks über ***direkter mittlerer Hitze*** bei geschlossenem Deckel bis zum gewünschten Gargrad grillen (12–14 Min. für rosa/rot bzw. medium rare), dabei ein- bis zweimal wenden. Bei Flammenbildung das Fleisch vorübergehend über indirekte Hitze legen. Vom Grill nehmen, 3–5 Min. ruhen lassen, anschließend in 5 mm dünne Scheiben schneiden.

7. Auf die gerösteten Brotscheiben jeweils etwas Zwiebelconfit verteilen, darauf Fleisch und Meerrettichcreme geben. Nach Belieben mit Schnittlauchröllchen bestreut servieren.

**FÜR 10–12 PERSONEN**

# T-BONE-STEAKS
## MIT ZITRONIGER MEERRETTICHCREME

**ZUBEREITUNGSZEIT: 15 Min.**
**GRILLZEIT: 6–8 Min.**

### Für die Würzmischung
3 EL fein gehackte frische Rosmarinnadeln
6 große Knoblauchzehen, zerdrückt
1 EL grobes Meersalz
1 TL frisch gemahlener schwarzer Pfeffer

4 T-Bone-Steaks (je 350–450 g schwer und 2,5 cm dick), überschüssiges Fett entfernt
2 EL Olivenöl

### Für die Meerrettichcreme
200 g Schmand
2 EL Meerrettich (aus dem Glas)
¼ TL fein abgeriebene Schale von 1 Bio-Zitrone
1½–2 EL frisch gepresster Zitronensaft
2 EL fein gehackte Schalotte
1 EL fein gehackte frische glatte Petersilienblätter
2 TL Worcestersauce
½ TL grobes Meersalz
½ TL gemahlener schwarzer Pfeffer

1. Die Zutaten für die Würzmischung in einer kleinen Schüssel vermengen. Die Steaks auf beiden Seiten dünn mit Öl bestreichen, anschließend gleichmäßig mit der Würzmischung einreiben. Vor dem Grillen abgedeckt 15–30 Min. Zimmertemperatur annehmen lassen.

2. Die Zutaten für die Creme in einer mittelgroßen Schüssel verrühren. Sie sollte am Ende nicht zu dünnflüssig sein.

3. Den Grill für direkte starke Hitze (230–290 °C) vorbereiten (siehe Seite 10–11).

4. Den Grillrost mit der Bürste reinigen. Steaks über ***direkter starker Hitze*** bei geschlossenem Deckel bis zum gewünschten Gargrad grillen (6–8 Min. für rosa/rot bzw. medium rare), dabei ein- bis zweimal wenden. Bei Flammenbildung vorübergehend über indirekte starke Hitze legen. Vom Grill nehmen und 3–5 Min. ruhen lassen. Warm servieren und dazu in einzelnen Schälchen die Meerrettichcreme reichen.

**FÜR 4–6 PERSONEN**

# T-BONE-STEAKS
## MIT WEISSEN BOHNEN

**ZUBEREITUNGSZEIT:** 20 Min.
**GRILLZEIT:** 10–14 Min.

### Für die Bohnen
150 g Zwiebeln, fein gewürfelt
60 ml Olivenöl
2 TL fein gehackter Knoblauch
2 Dosen (je 400 g) Cannellini-Bohnen, abgespült und abgetropft
250 ml passierte Tomaten (aus der Dose)
4 EL Sahne
1 EL gehackte frische Thymianblättchen
Grobes Meersalz
Frisch gemahlener schwarzer Pfeffer

2 T-Bone-Steaks (je etwa 700 g schwer und 4 cm dick), überschüssiges Fett entfernt
Olivenöl
1 EL grobes Meersalz
2 TL gemahlener schwarzer Pfeffer

Aceto balsamico

1. In einem großen Topf die Zwiebelwürfel im Öl auf mittlerer Stufe erhitzen und unter Rühren 8–10 Min. braten, bis sie Farbe annehmen. Knoblauch unter Rühren 1 Min. mitbraten. Bohnen, passierte Tomaten, Sahne und Thymian unterrühren, einige Minuten köcheln lassen, dann mit Salz und Pfeffer abschmecken. Den Topf zugedeckt beiseitestellen.

2. Die Steaks auf beiden Seiten dünn mit Öl bestreichen, salzen und pfeffern. Vor dem Grillen 15–30 Min. Zimmertemperatur annehmen lassen.

3. Den Grill für direkte und indirekte starke Hitze (230–290 °C) vorbereiten (siehe Seite 10–11).

4. Den Grillrost mit der Bürste reinigen. Steaks über ***direkter starker Hitze*** bei geschlossenem Deckel 6–8 Min. grillen, dabei ein- bis zweimal wenden, bis sie auf beiden Seiten deutliche Grillmuster angenommen haben. Anschließend über ***indirekte starke Hitze*** legen, den Deckel wieder schließen und bis zum gewünschten Gargrad weitergrillen (4–6 Min. für rosa/rot bzw. medium rare), dabei einmal wenden. Auf einem Schneidebrett 3–5 Min. ruhen lassen. Inzwischen die Bohnen im verschlossenen Topf einige Minuten auf mittlerer Stufe erhitzen, gelegentlich umrühren.

5. Steakfleisch vom Knochen lösen und in 5 mm dünne Scheiben schneiden, austretenden Fleischsaft auffangen. Die Bohnen auf Teller verteilen, die Steakscheiben darauf anrichten und mit dem aufgefangenen Fleischsaft beträufeln. Mit einem Spritzer Balsamico abrunden und warm servieren.

**FÜR 4 PERSONEN**

# T-BONE-STEAKS
## MIT CHILI-HONIG-GLASUR

**ZUBEREITUNGSZEIT: 10 Min.**
**GRILLZEIT: 8–10 Min.**

### Für die Würzmischung

2 TL grobes Meersalz
1 TL reines Chilipulver (vorzugsweise Ancho-Chilipulver)
1 TL gemahlener schwarzer Pfeffer

4 T-Bone-Steaks (je etwa 450 g schwer und 3 cm dick), überschüssiges Fett entfernt
Olivenöl

### Für die Glasur

60 g weiche Butter
1 EL Honig
1 EL frisch gepresster Limettensaft
2 TL fein gehackter Knoblauch
½ TL reines Chilipulver (vorzugsweise Ancho-Chilipulver)
½ TL grobes Meersalz
¼ TL frisch gemahlener schwarzer Pfeffer

1. Die Zutaten für die Würzmischung in einer kleinen Schüssel vermengen. Die Steaks auf beiden Seiten dünn mit Öl bestreichen, gleichmäßig mit der Würzmischung einreiben. Vor dem Grillen 15–30 Min. Zimmertemperatur annehmen lassen.

2. Den Grill für direkte und indirekte starke Hitze (230–290 °C) vorbereiten (siehe Seite 10–11).

3. Die Zutaten für die Glasur in einem kleinen Topf zu einer glatten Paste vermischen, bei mittlerer Temperatur erhitzen und 2–3 Min. köcheln lassen. Den Topf vom Herd nehmen.

4. Den Grillrost mit der Bürste reinigen. Die Steaks über ***direkter starker Hitze*** bei geschlossenem Deckel 6 Min. grillen, dabei ein- bis zweimal wenden. Anschließend die Steaks über ***indirekte starke Hitze*** legen, auf beiden Seiten mit etwas Glasur bestreichen, den Deckel schließen und das Fleisch bis zum gewünschten Gargrad weitergrillen (2–4 Min. für rosa/rot bzw. medium rare). In dieser Zeit ein- bis zweimal wenden und erneut mit Glasur bestreichen. Die Steaks vom Grill nehmen, mit der restlichen Glasur bepinseln und 3–5 Min. ruhen lassen. Warm servieren.

**FÜR 4–6 PERSONEN**

# T-BONE-STEAKS AUF ARGENTINISCHE ART

## MIT SALSA CRIOLLA

**ZUBEREITUNGSZEIT:** 15 Min.
**GRILLZEIT:** 6–8 Min.

### Für die Salsa

250 g reife Tomaten, entkernt, fein gewürfelt
175 g grüne Paprika, fein gewürfelt
150 g weiße Zwiebeln, fein gewürfelt, in einem Sieb kalt gespült (siehe Tipp)
1 EL Rotweinessig
1 EL Olivenöl
1 TL fein gehackte frische Oreganoblätter
1 TL grobes Meersalz

4 T-Bone-Steaks (je etwa 450 g schwer und 2,5 cm dick), überschüssiges Fett entfernt
Olivenöl
Grobes Meersalz
Frisch gemahlener schwarzer Pfeffer

1. Die Zutaten für die Salsa in einer mittelgroßen Glas- oder Edelstahlschale vermischen. Nach Belieben die Salsa vor dem Servieren bis zu 1 Std. bei Zimmertemperatur durchziehen lassen.

2. Steaks auf beiden Seiten dünn mit Öl bestreichen, mit Salz und Pfeffer würzen. Vor dem Grillen 15–30 Min. Zimmertemperatur annehmen lassen.

3. Den Grill für direkte starke Hitze (230–290 °C) vorbereiten (siehe Seite 10–11).

4. Den Grillrost mit der Bürste reinigen. Steaks über ***direkter starker Hitze*** bei geschlossenem Deckel bis zum gewünschten Gargrad grillen (6–8 Min. für rosa/rot bzw. medium rare), dabei ein- bis zweimal wenden. Bei Flammenbildung vorübergehend über indirekte starke Hitze legen. Vom Grill nehmen, 3–5 Min. ruhen lassen und warm mit der Salsa servieren. Dazu passt: Knoblauchbrot vom Grill (siehe Seite 125).

**FÜR 4–6 PERSONEN**

## TIPP!

Um den Geschmack von rohen Zwiebeln in einer Salsa oder im Salat etwas abzumildern, die Zwiebelwürfel in einem Sieb unter kaltem Wasser abspülen.

# PORTERHOUSE-STEAKS
## MIT INGWER UND GERÖSTETEM SESAMSALZ

**ZUBEREITUNGSZEIT: 20 Min.**
**GRILLZEIT: 6–8 Min.**

3 EL Öl
2 EL fein geriebener frischer Ingwer
2 TL grobes Meersalz
1½ TL frisch gemahlener schwarzer Pfeffer
2 Porterhouse-Steaks,
(je etwa 550 g schwer und 2,5 cm dick),
überschüssiges Fett entfernt

### Für das Sesamsalz
3 EL Sesamsamen
1 TL grobes Meersalz
½ TL gemahlener schwarzer Pfeffer

Die Mischung aus geröstetem Sesam, Salz und Pfeffer passt geschmacklich hervorragend zu Steaks. Biss um Biss lässt sich damit individuell würzen.

1. Öl, Ingwer, Salz und Pfeffer in einer kleinen Schüssel verrühren. Die Steaks auf beiden Seiten mit dem Würzöl bestreichen. Vor dem Grillen 15–30 Min. Zimmertemperatur annehmen lassen.

2. Den Grill für direkte starke Hitze (230–290 °C) vorbereiten (siehe Seite 10–11).

3. Eine Pfanne (ø 25 cm) bei mittlerer Temperatur erhitzen. Die Zutaten für das Sesamsalz zufügen und 5–10 Min. rösten, bis der Sesam goldbraun ist, dabei gelegentlich mit einem Holzlöffel umrühren, damit nichts anbrennt. Sesamsalz auf vier kleine Schalen verteilen.

4. Den Grillrost mit der Bürste reinigen. Die Steaks über ***direkter starker Hitze*** bei geschlossenem Deckel bis zum gewünschten Gargrad grillen (6–8 Min. für rosa/rot bzw. medium rare), dabei ein- bis zweimal wenden. Bei Flammenbildung das Fleisch vorübergehend über indirekte Hitze legen. Vom Grill nehmen und 3–5 Min. ruhen lassen. Warm mit dem Sesamsalz zum Dippen servieren.

**FÜR 4 PERSONEN**

# PORTERHOUSE-STEAK
## MIT KRÄUTER-VINAIGRETTE

**ZUBEREITUNGSZEIT: 15 Min.**
**GRILLZEIT: 8–10 Min.**

### Für die Vinaigrette

60 ml Olivenöl
3 EL Weißweinessig
3 EL fein gehackte frische Kräuter (Basilikum, Schnittlauch oder Petersilie; nach Belieben auch eine Mischung davon)
1 TL fein gehackte Schalotte
½ TL Dijon-Senf
¼ TL grobes Meersalz
1 kräftige Prise frisch gemahlener schwarzer Pfeffer

2 Porterhouse-Steaks, (je etwa 550 g schwer und 3 cm dick), überschüssiges Fett entfernt
Olivenöl
1 TL grobes Meersalz
¾ TL gemahlener schwarzer Pfeffer

1. Die Zutaten für die Vinaigrette in einer kleinen Glas- oder Edelstahlschüssel verrühren.

2. Steaks auf beiden Seiten dünn mit Öl bestreichen, anschließend mit Salz und Pfeffer würzen. Vor dem Grillen 15–30 Min. Zimmertemperatur annehmen lassen.

3. Den Grill für direkte starke Hitze (230–290 °C) vorbereiten (siehe Seite 10–11).

4. Den Grillrost mit der Bürste reinigen. Die Steaks über ***direkter starker Hitze*** bei geschlossenem Deckel bis zum gewünschten Gargrad grillen (8–10 Min. für rosa/rot bzw. medium rare), dabei ein- bis zweimal wenden. Bei Flammenbildung vorübergehend über indirekte Hitze legen. Fleisch vom Grill nehmen und 3–5 Min. ruhen lassen.

5. Die Vinaigrette nochmals kurz aufschlagen. Die Steaks in Streifen schneiden, auf einer Servierplatte anrichten und mit Vinaigrette beträufeln (evtl. wird nicht die gesamte Vinaigrette benötigt). Steaks warm oder bei Zimmertemperatur servieren. Dazu passt: Artischockenherzen mit Oregano und Salz (siehe Seite 115).

**FÜR 4 PERSONEN**

# PORTERHOUSE-STEAKS

## MIT WÜRZIGER KRUSTE UND KNOBLAUCHBUTTER

**ZUBEREITUNGSZEIT:** 15 Min.
**GRILLZEIT:** 6–8 Min.
**ZUBEHÖR:** Gewürzmühle oder Mörser

### Für die Würzmischung

2 TL schwarze Pfefferkörner
2 TL Senfkörner
2 TL Paprikapulver
1 TL Knoblauchgranulat
1 TL grobes Meersalz
1 TL Vollrohrzucker
¼ TL Cayennepfeffer

### Für die Butter

85 g weiche Butter
2 EL Dijon-Senf
1 große Knoblauchzehe, zerdrückt
¼ TL frisch gemahlener schwarzer Pfeffer

4 Porterhouse-Steaks, (je 350–450 g schwer und 2,5 cm dick), überschüssiges Fett entfernt
Olivenöl
Meersalz

1. Pfeffer- und Senfkörner in einer Gewürzmühle grob mahlen oder im Mörser grob zerstoßen. In eine kleine Schüssel füllen und mit den restlichen Zutaten für die Würzmischung vermengen.

2. In einer zweiten kleinen Schüssel die Zutaten für die Knoblauchbutter mit ½ TL der Würzmischung verkneten. Abgedeckt in den Kühlschrank stellen, wenn Sie die Butter im Voraus zubereiten. Bei Zimmertemperatur stehen lassen, wenn gleich im Anschluss die Steaks zubereitet werden.

3. Steaks auf beiden Seiten dünn mit Öl bestreichen, anschließend gleichmäßig mit der Würzmischung einreiben. Vor dem Grillen 15–30 Min. Zimmertemperatur annehmen lassen.

4. Den Grill für direkte starke Hitze (230–290 °C) vorbereiten (siehe Seite 10–11).

5. Den Grillrost mit der Bürste reinigen. Steaks über ***direkter starker Hitze*** bei geschlossenem Deckel bis zum gewünschten Gargrad grillen (6–8 Min. für rosa/rot bzw. medium rare), dabei ein- bis zweimal wenden. Bei Flammenbildung vorübergehend über indirekte Hitze legen. Vom Grill nehmen und 3–5 Min. ruhen lassen.

6. Die gegrillten Steaks salzen, mit je einem Löffel zimmerwarmer Knoblauchbutter bestreichen und sofort servieren.

**FÜR 4–6 PERSONEN**

# PORTERHOUSE-STEAKS
## MIT SAUCE BÉARNAISE

**ZUBEREITUNGSZEIT:** 15 Min.
**GRILLZEIT:** 6–8 Min.

2 Porterhouse-Steaks,
(je etwa 550 g schwer und 2,5 cm dick),
überschüssiges Fett entfernt
Olivenöl
Grobes Meersalz
Gemahlener schwarzer Pfeffer

### Für die Sauce

3 EL trockener Weißwein
3 EL Weißweinessig
2 EL fein gehackte Schalotte
3 Eigelb (siehe Tipp)
175 g Butter, zerlassen
¼ TL grobes Meersalz
1 kräftige Prise frisch gemahlener
schwarzer Pfeffer
2 EL fein gehackte frische Estragonblätter

### TIPP!

Die Verwendung von rohem Eigelb, wie hier für die Sauce béarnaise, birgt immer das Risiko einer Salmonellenvergiftung. Verwenden Sie deshalb nur Eigelb von sehr frischen Bio-Eiern.

1. Die Steaks auf beiden Seiten dünn mit Öl bestreichen, salzen und pfeffern. Vor dem Grillen 15–30 Min. Zimmertemperatur annehmen lassen.

2. Den Grill für direkte starke Hitze (230–290 °C) vorbereiten (siehe Seite 10–11).

3. In einem kleinen Topf Wein, Essig und Schalotten auf hoher Stufe erhitzen, anschließend 2 Min. offen einkochen lassen, bis der Sud auf etwa 2 EL reduziert ist. Durch ein feines Sieb in eine kleine Schüssel gießen. Die Essigreduktion beiseitestellen, die Schalotten im Sieb wegwerfen.

4. Die Eigelbe in einen Standmixer geben. Auf höchste Stufe schalten und die Essigreduktion einträufeln lassen. Nach und nach die zerlassene Butter untermixen. Die Sauce sollte am Ende die Konsistenz von Mayonnaise haben. Mit Salz und Pfeffer würzen. In eine kleine ofenfeste Schüssel füllen und den Estragon unterrühren. Schüssel über ein Wasserbad mit sehr heißem, aber nicht kochendem Wasser stellen und warm halten, während die Steaks grillen.

5. Den Grillrost mit der Bürste reinigen. Steaks über ***direkter starker Hitze*** bei geschlossenem Deckel bis zum gewünschten Gargrad grillen (6–8 Min. für rosa/rot bzw. medium rare), dabei ein- bis zweimal wenden. Bei Flammenbildung vorübergehend über indirekte Hitze legen. Vom Grill nehmen und 3–5 Min. ruhen lassen. Steaks in Scheiben schneiden, auf Tellern anrichten und warm mit der Sauce béarnaise servieren.

**FÜR 4 PERSONEN**

# FLANK-STEAK PAZIFISCH

## MIT GEGRILLTEM GEMÜSE

**ZUBEREITUNGSZEIT: 30 Min.**
**MARINIERZEIT: 3–4 Std.**
**GRILLZEIT: 11–15 Min.**
**ZUBEHÖR: gelochte Grillpfanne**

### Für die Marinade

125 ml Sojasauce
2 EL Austernsauce
2 EL Reisweinessig (Asia-Laden)
2 EL geröstetes Sesamöl (Asia-Laden)
2 EL fein gehackter frischer Ingwer
¼ TL zerstoßene Chiliflocken

1 Flank-Steak (aus der Dünnung geschnitten; 700–900 g schwer und etwa 2 cm dick)

1 große rote Paprikaschote, in 5 mm breite Streifen geschnitten
1 große Zucchini, längs halbiert, in 5 mm breite Scheiben geschnitten
1 mittelgroße rote Zwiebel, in 5 mm dicke Halbringe geschnitten
1 mittelgroße japanische Aubergine, in 5 mm dicke Scheiben geschnitten
Öl

Grobes Meersalz
Gemahlener schwarzer Pfeffer
Geröstetes Sesamöl (Asia-Laden)

1. Die Zutaten für die Marinade in einer mittelgroßen Schüssel verrühren. Für das Gemüse 2 EL davon in einer großen Schüssel beiseitestellen.

2. Die Marinade in eine etwa 20 x 32 cm große Glasform gießen, das Steak darin wenden und abgedeckt 3–4 Std. im Kühlschrank marinieren, dabei gelegentlich wenden. Vor dem Grillen 15–30 Min. Zimmertemperatur annehmen lassen.

3. Den Grill für direkte starke Hitze (230–290 °C) vorbereiten (siehe Seite 10–11).

4. Das gesamte Gemüse in die große Schüssel geben und mit so viel Öl vermischen, dass alles dünn mit Marinade und Öl überzogen ist.

5. Den Grillrost mit der Bürste reinigen. Das Steak aus der Marinade nehmen und abtropfen lassen. Die Marinade weggießen. Das Steak über ***direkter starker Hitze*** bei geschlossenem Deckel bis zum gewünschten Gargrad grillen (6–8 Min. für rosa/rot bzw. medium rare), dabei ein- bis zweimal wenden. Bei Flammenbildung das Fleisch vorübergehend über indirekte Hitze legen. Auf einem Schneidebrett ruhen lassen und inzwischen das Gemüse grillen.

6. Die Grillpfanne über ***direkter starker Hitze*** etwa 10 Min. vorheizen. Die Gemüsestücke nebeneinander in die Pfanne legen und bei geschlossenem Deckel etwa 5–7 Min. grillen, bis sie weich sind, aber noch etwas Biss haben, dabei gelegentlich wenden. Auf einer großen Platte anrichten, salzen, pfeffern und mit etwas Sesamöl beträufeln. Das Steak quer zur Faser in dünne Scheiben schneiden und warm mit dem Gemüse servieren.

**FÜR 4–6 PERSONEN**

# STEAK-TOMATEN-WRAPS

## MIT GEGRILLTEN ZWIEBELN UND AVOCADOSAUCE

**ZUBEREITUNGSZEIT: 30 Min.**
**GRILLZEIT: 8–12 Min.**

### Für die Sauce

1 mittelgroße Avocado, das Fruchtfleisch gewürfelt
1 Stück Salatgurke (etwa 75 g), fein gewürfelt
4 EL Schmand
4 EL in dünne Ringe geschnittene Frühlingszwiebeln (ohne die dunkelgrünen Enden)
4 EL grob gehackte frische Dillspitzen
2 EL frisch gepresster Limettensaft
¼ TL Tabasco
¼ TL grobes Meersalz

### Für die Würzmischung

2 TL Knoblauchgranulat
2 TL getrockneter Oregano
1 TL grobes Meersalz
¼ TL gemahlener schwarzer Pfeffer

1 Flank-Steak (aus der Dünnung geschnitten; etwa 700 g schwer und 2 cm dick)
2 große rote Zwiebeln, in 1,5 cm dicke Scheiben geschnitten
Olivenöl
4 große Salatblätter
4 Weizenmehltortillas (ø 25 cm)
4 Eiertomaten, grob gehackt

1. Die Zutaten für die Sauce in der Küchenmaschine fein pürieren. In eine kleine Schüssel umfüllen, abdecken und bis zur Verwendung in den Kühlschrank stellen. (Die Sauce kann bis zu 1 Tag im Voraus zubereitet werden.)

2. In einer zweiten kleinen Schüssel die Zutaten für die Würzmischung vermengen. Steak und Zwiebeln auf beiden Seiten dünn mit Öl bestreichen, anschließend die Steaks mit der Würzmischung einreiben. Vor dem Grillen 15–30 Min. Zimmertemperatur annehmen lassen.

3. Den Grill für direkte mittlere Hitze (175–230 °C) vorbereiten (siehe Seite 10–11).

4. Den Grillrost mit der Bürste reinigen. Steak und Zwiebeln über ***direkter mittlerer Hitze*** bei geschlossenem Deckel grillen, bis das Steak den gewünschten Gargrad erreicht hat (8–10 Min. für rosa/rot bzw. medium rare) und die Zwiebeln weich sind (8–12 Min.), dabei alles ein- bis zweimal wenden. Bei Flammenbildung das Fleisch vorübergehend über indirekte Hitze legen. Die Zutaten vom Grill nehmen und das Steak 3–5 Min. ruhen lassen. Währenddessen die Tortillas über ***direkter mittlerer Hitze*** 30–60 Sek. erwärmen, dabei ein- bis zweimal wenden.

5. Das Steak längs halbieren, jede Hälfte quer zur Faser in dünne Scheiben und diese in mundgerechte Stücke schneiden. Die Zwiebeln grob hacken.

6. In die Mitte der Tortillas jeweils 1 Salatblatt legen, darauf Steakfleisch, Zwiebeln, Tomaten und Avocadosauce anrichten, die Tortillas aufrollen und warm servieren.

**FÜR 4 PERSONEN**

# ITALIENISCHES FLANK-STEAK
## MIT RUCOLA UND PARMESAN

**ZUBEREITUNGSZEIT: 15 Min.**
**GRILLZEIT: 6–8 Min.**

1 Flank-Steak (aus der Dünnung geschnitten; 700–900 g schwer und etwa 2 cm dick)
Olivenöl
Grobes Meersalz
Frisch gemahlener schwarzer Pfeffer

75 ml Aceto balsamico
½ TL Zucker

125 g zarte Rucolablätter
100 g Parmesan

1. Das Steak auf beiden Seiten dünn mit Öl bestreichen und mit Salz und Pfeffer würzen. Vor dem Grillen 15–30 Min. Zimmertemperatur annehmen lassen.

2. Den Grill für direkte starke Hitze (230–290 °C) vorbereiten (siehe Seite 10–11).

3. In einem kleinen Topf Essig und Zucker bei mittlerer bis großer Hitze unter Rühren aufkochen, anschließend 6–8 Min. offen einkochen lassen, bis der Sud um die Hälfte reduziert ist, dabei ab und zu umrühren. Vom Herd nehmen und abkühlen lassen.

4. Den Grillrost mit der Bürste reinigen. Das Steak über ***direkter starker Hitze*** bei geschlossenem Deckel bis zum gewünschten Gargrad grillen (6–8 Min. für rosa/rot bzw. medium rare), dabei ein- bis zweimal wenden. Bei Flammenbildung das Fleisch vorübergehend über indirekte Hitze legen. Auf einem Schneidebrett 3–5 Min. ruhen lassen.

5. Das Steak längs halbieren und jede Hälfte quer zur Faser in dünne Scheiben schneiden, dabei den austretenden Fleischsaft auffangen. Die Steakscheiben auf Tellern anrichten, mit etwas Fleischsaft begießen und Rucola daraufgeben. Rucola mit Öl und der Essigreduktion beträufeln, mit Salz und Pfeffer würzen und zuletzt Parmesanspäne darüberhobeln.

**FÜR 4–6 PERSONEN**

# FLANK-STEAK-SPIESSE
## MIT ERDNUSSSAUCE

**ZUBEREITUNGSZEIT: 30 Min.**
**MARINIERZEIT: 30–60 Min.**
**GRILLZEIT: 4–6 Min.**
**ZUBEHÖR: Metall- oder Holzspieße (Holzspieße mind. 30 Min. gewässert)**

### Für die Marinade
2 EL Öl
1 EL fein gehackter frischer Ingwer
1 EL frisch gepresster Limettensaft
1 EL Sojasauce
1 TL fein gehackter Knoblauch
2 TL gemahlene Koriandersamen

1 Flank-Steak (aus der Dünnung geschnitten; etwa 700 g schwer und 2 cm dick

### Für die Sauce
250 ml ungesüßte Kokosmilch, durchgerührt
85 g feine Erdnussbutter
1 TL fein abgeriebene Schale von 1 Bio-Limette
3 EL frisch gepresster Limettensaft
1 EL Sojasauce
1 EL brauner Zucker
1 TL scharfe Chili-Knoblauch-Sauce (Asia-Laden)
½ TL frisch geriebener Ingwer

1. Die Zutaten für die Marinade in einer mittelgroßen Glas- oder Edelstahlschüssel verrühren.

2. Das Steak längs halbieren und jede Hälfte quer zur Faser in 1 cm dicke Scheiben schneiden. Die Scheiben in die Schüssel zur Marinade geben, darin wenden und abgedeckt 30 Min. bei Zimmertemperatur oder 1 Std. im Kühlschrank marinieren, dabei gelegentlich wenden. Das kalt gestellte Fleisch vor dem Grillen 15–30 Min. Zimmertemperatur annehmen lassen.

3. Die Zutaten für die Sauce in einem Topf mit schwerem Boden auf mittlerer Stufe erhitzen, aber nicht aufkochen lassen, und 2–3 Min. mit dem Schneebesen glatt schlagen, während sie etwas eindickt. Vom Herd nehmen. Die Sauce wird beim Abkühlen noch etwas dicker.

4. Den Grill für direkte starke Hitze (230–290 °C) vorbereiten (siehe Seite 10–11).

5. Die Fleischstücke aus der Marinade nehmen und auf Spieße stecken. Restliche Marinade weggießen.

6. Den Grillrost mit der Bürste reinigen. Die Spieße über ***direkter starker Hitze*** bei geschlossenem Deckel bis zum gewünschten Gargrad des Fleischs grillen (4–6 Min. für rosa/rot bzw. medium rare), dabei ein- bis zweimal wenden. Bei Flammenbildung die Spieße vorübergehend über indirekte Hitze legen. Vom Grill nehmen und warm mit der Sauce servieren.

**FÜR 4 PERSONEN**

# FLANK-STEAK-GYROS

## MIT SALAT UND MINZJOGHURT

**ZUBEREITUNGSZEIT:** **45 Min.**
**MARINIERZEIT:** **2–4 Std.**
**GRILLZEIT:** **8–10 Min.**

### Für die Marinade

125 ml Olivenöl
60 ml frisch gepresster Zitronensaft
4 EL grob gehackte frische Oreganoblätter
1 EL fein gehackter Knoblauch
2 TL grob gemahlener schwarzer Pfeffer
½ TL grobes Meersalz

1 Flank-Steak (aus der Dünnung geschnitten; 700–900 g schwer und etwa 2 cm dick)

### Für den Salat

100 g Romanasalatblätter, zerpflückt
25 Kalamata-Oliven, entsteint
125 g Salatgurke, fein gewürfelt
175 g reife Tomaten, fein gewürfelt
2 kleine rote Zwiebeln, fein gewürfelt

### Für den Joghurt

250 g griechischer Joghurt (10% Fett)
3 EL fein gehackte frische Minzeblätter
½ TL grobes Meersalz
¼ TL frisch gemahlener schwarzer Pfeffer

4 Pita-Brote (griech. Fladenbrot mit eingeschnittener Tasche)

1. Die Zutaten für die Marinade in einer mittelgroßen Schüssel verrühren. 4 EL davon als Dressing für den Salat beiseitestellen.

2. Das Steak in einer 20 x 32 cm großen Glasform mit der Marinade übergießen. Darin wenden, bis es auf beiden Seiten mit Marinade überzogen ist. Abgedeckt 2–4 Std. kalt stellen, dabei ab und zu wenden. Vor dem Grillen 15–30 Min. Zimmertemperatur annehmen lassen.

3. Die Zutaten für den Salat in einer mittelgroßen Schüssel vermischen und beiseitestellen.

4. Den Grill für direkte mittlere Hitze (175 bis 230 °C) vorbereiten (siehe Seite 10–11).

5. Den Grillrost mit der Bürste reinigen. Das Steak aus der Marinade nehmen und abtropfen lassen. Die Marinade weggießen. Über ***direkter mittlerer Hitze*** bei geschlossenem Deckel bis zum gewünschten Gargrad grillen (8–10 Min. für rosa/rot bzw. medium rare), dabei ein- bis zweimal wenden. Bei Flammenbildung das Fleisch vorübergehend über indirekte mittlere Hitze legen. Vom Grill nehmen und 3–5 Min. ruhen lassen. Das Steak längs halbieren, jede Hälfte quer zur Faser in dünne Scheiben und diese in mundgerechte Stücke schneiden.

6. Die Zutaten für den Joghurt in einer kleinen Schüssel glatt rühren.

7. Den Salat mit dem beiseitegestellten Dressing anmachen. Fleisch und Salat in die Pita-Brote füllen, Joghurt darübergeben. Warm servieren.

**FÜR 4–6 PERSONEN**

# STEAK-TACOS
## MIT TOMATILLO-SALSA

**ZUBEREITUNGSZEIT: 20 Min.**
**GRILLZEIT: 15–18 Min.**

### Für die Salsa

1 kleine weiße Zwiebel, geviertelt
225 g Tomatillos, trockene Hülle entfernt, abgespült
Olivenöl
1 scharfe Chilischote (vorzugsweise Serrano)
1 Avocado, das Fruchtfleisch gewürfelt
Grobes Meersalz
Frisch gemahlener schwarzer Pfeffer

### Für die Würzmischung

1 TL Chilipulver (Gewürzmischung)
1 TL grobes Meersalz
½ TL frisch gemahlener schwarzer Pfeffer

1 Flank-Steak (aus der Dünnung geschnitten; 700–900 g schwer und etwa 2 cm dick)

12 Maistortillas (ø 15–20 cm)
150 g Kirschtomaten, geviertelt
1 große Handvoll frische Korianderblätter
Limettenspalten (nach Belieben)

1. Den Grill für direkte starke Hitze (230–290 °C) vorbereiten (siehe Seite 10–11).

2. Zwiebel und Tomatillos rundherum dünn mit Öl einpinseln. Zusammen mit der Chilischote über ***direkter starker Hitze*** bei geschlossenem Deckel 9–10 Min. grillen, dabei gelegentlich wenden, bis das Gemüse weich und auf allen Seiten gebräunt ist. Vom Grill nehmen und etwas abkühlen lassen. Von der Chilischote Stiel, Kerne und Trennwände entfernen. Zwiebel, Tomatillos, Chili und Avocado in der Küchenmaschine oder im Mixer zu einer dicken Salsa pürieren. In eine Schüssel umfüllen und mit Salz und Pfeffer würzen.

3. Die Zutaten für die Würzmischung in einer kleinen Schüssel vermengen. Das Steak auf beiden Seiten dünn mit Öl bestreichen und gleichmäßig mit der Würzmischung einreiben. Vor dem Grillen 15–30 Min. Zimmertemperatur annehmen lassen.

4. Das Steak über ***direkter starker Hitze*** bei geschlossenem Deckel bis zum gewünschten Gargrad grillen (6–8 Min. für rosa/rot bzw. medium rare), dabei ein- bis zweimal wenden. Bei Flammenbildung vorübergehend über indirekte Hitze legen. Vom Grill nehmen, auf einem Schneidebrett 3–5 Min. ruhen lassen, dann quer zur Faser in dünne Scheiben schneiden.

5. Die Tortillas über ***direkter starker Hitze*** bei geöffnetem Deckel etwa 30 Sek. erwärmen, dabei ein- bis zweimal wenden. Fleisch, Salsa, Tortillas, Tomaten, Koriander und nach Belieben Limettenspalten separat auf Tellern und in kleinen Schalen anrichten. Jeder Gast bedient sich selbst.

**FÜR 4–6 PERSONEN**

# MARINIERTES FLANK-STEAK
## NACH SÜDSTAATEN-ART

**ZUBEREITUNGSZEIT: 10 Min.**
**MARINIERZEIT: 30 Min.**
**GRILLZEIT: 8–10 Min.**

### Für die Marinade

3 EL scharfer körniger Senf
3 EL Olivenöl
3 EL Rotweinessig
2 TL Worcestersauce
2 TL fein gehackter Knoblauch
1 TL getrockneter Thymian
½ TL grobes Meersalz
½ TL gemahlener schwarzer Pfeffer

1 Flank-Steak (aus der Dünnung geschnitten; 700–900 g schwer und etwa 2 cm dick)

1. Die Zutaten für die Marinade in einer kleinen Schüssel glatt rühren. Das Steak in einen großen, wiederverschließbaren Plastikbeutel geben, die Marinade dazugießen. Die Luft aus dem Beutel streichen, den Beutel fest verschließen und mehrmals wenden, damit sich die Marinade gleichmäßig verteilt. Fleisch bei Zimmertemperatur 30 Min. marinieren, dabei ein- bis zweimal wenden.

2. Den Grill für direkte mittlere Hitze (175–230 °C) vorbereiten (siehe Seite 10–11).

3. Den Grillrost mit der Bürste reinigen. Die Marinade abgießen, das Steak aus dem Beutel nehmen und mit Küchenpapier trockentupfen. Über ***direkter mittlerer Hitze*** bei geschlossenem Deckel bis zum gewünschten Gargrad grillen (8–10 Min. für rosa/rot bzw. medium rare), dabei ein- bis zweimal wenden. Bei Flammenbildung das Fleisch vorübergehend über indirekte Hitze legen. Vom Grill nehmen, 3–5 Min. ruhen lassen.

4. Das Steak quer zur Faser in dünne Scheiben schneiden und warm servieren. Dazu passt: Maiskolben nach Cajun-Art mit Louisiana-Butter (siehe Seite 120).

**FÜR 4–6 PERSONEN**

# FLANK-STEAK
## IN TERIYAKI-WHISKY-MARINADE

**ZUBEREITUNGSZEIT: 10 Min.**
**MARINIERZEIT: 2–3 Std.**
**GRILLZEIT: 8–10 Min.**

### Für die Marinade
5 EL Teriyaki-Sauce (Asia-Laden)
4 EL Whisky
4 EL Olivenöl
2 EL brauner Zucker
1 EL grobkörniger Senf
2 TL fein gehackter Knoblauch
1 TL zerstoßene Chiliflocken
½ TL grobes Meersalz

1 Flank-Steak (aus der Dünnung geschnitten; 700–900 g schwer und etwa 2 cm dick)

1. Die Zutaten für die Marinade in einer kleinen Schüssel verrühren. Das Steak in eine 20 x 32 cm große Glasform legen und mit der Marinade übergießen. Steak mehrmals in der Marinade wenden, bis es auf beiden Seiten davon überzogen ist. Abgedeckt 2–3 Std. in den Kühlschrank stellen, dabei ein- bis zweimal wenden.

2. Vor dem Grillen das Fleisch 15–30 Min. Zimmertemperatur annehmen lassen.

3. Den Grill für direkte mittlere Hitze (175–230 °C) vorbereiten (siehe Seite 10–11).

4. Den Grillrost mit der Bürste reinigen. Das Steak aus der Marinade nehmen und abtropfen lassen. Die Marinade weggießen. Über ***direkter mittlerer Hitze*** bei geschlossenem Deckel bis zum gewünschten Gargrad grillen (8–10 Min. für rosa/rot bzw. medium rare), ein- bis zweimal wenden. Bei Flammenbildung das Fleisch vorübergehend über indirekte Hitze legen. Vom Grill nehmen und auf einem Schneidebrett 3–5 Min. ruhen lassen.

5. Das Steak quer zur Faser in dünne Scheiben schneiden und warm servieren. Dazu passt: Glasierte Süßkartoffeln (siehe Seite 118).

**FÜR 4–6 PERSONEN**

# ITALIENISCHES STEAK-SANDWICH

## MIT EINGELEGTEM GEMÜSE UND ROTWEIN-DIP

**ZUBEREITUNGSZEIT:** 25 Min.
**GRILLZEIT:** etwa 10 Min.

### Für die Würzmischung

1 TL getrockneter Oregano
1 TL getrockneter Thymian
¾ TL grobes Meersalz
½ TL frisch gemahlener schwarzer Pfeffer
¼ TL Knoblauchgranulat

1 Flank-Steak (aus der Dünnung geschnitten; 700–900 g schwer und etwa 2 cm dick)
Olivenöl

### Für den Dip

500 ml Rinderbrühe
125 ml trockener Rotwein
1 Knoblauchzehe, in feine Scheiben geschnitten
Grobes Meersalz
Frisch gemahlener schwarzer Pfeffer

6 Baguettebrötchen (je etwa 15 cm lang), längs halbiert
1 Glas (450 g) in Essig eingelegtes italienisches Gemüse (Giardiniera aus der ital. Feinkostabteilung), abgetropft, in feine Streifen geschnitten

1. In einer kleinen Schüssel die Zutaten für die Würzmischung vermengen. Das Steak auf beiden Seiten dünn mit Öl bestreichen und gleichmäßig mit der Würzmischung einreiben. Vor dem Grillen 15–30 Min. Zimmertemperatur annehmen lassen.

2. Den Grill für direkte mittlere Hitze (175 bis 230 °C) vorbereiten (siehe Seite 10–11).

3. Rinderbrühe, Wein und Knoblauch in einem mittelgroßen Topf bei großer Hitze aufkochen, anschließend auf kleiner Stufe 15 Min. offen einkochen lassen. Mit Salz und Pfeffer würzen. Die Brühe warm halten.

4. Den Grillrost mit der Bürste reinigen. Das Steak über ***direkter mittlerer Hitze*** bei geschlossenem Deckel bis zum gewünschten Gargrad grillen (8–10 Min. für rosa/rot bzw. medium rare), dabei ein- bis zweimal wenden. Bei Flammenbildung das Fleisch vorübergehend über indirekte Hitze legen. Auf einem Schneidebrett 3–5 Min. ruhen lassen.

5. Währenddessen die Brötchen mit den Schnittflächen nach unten über ***direkter mittlerer Hitze*** 30–60 Sek. rösten.

6. Die Rotweinbrühe auf sechs Dip-Schälchen verteilen. Das Steak längs halbieren, jede Hälfte quer zur Faser in dünne Scheiben schneiden. Auf die gerösteten Brötchenhälften jeweils etwas Fleisch und eingelegtes Gemüse geben und die Hälften quer halbieren. Sandwiche warm mit der Brühe zum Dippen servieren.

**FÜR 6 PERSONEN**

# SKIRT-STEAK-FAJITAS
## MIT CHILI-SALSA

**ZUBEREITUNGSZEIT:** 30 Min.
**MARINIERZEIT:** 30 Min.
**GRILLZEIT:** 12–16 Min.

### Für die Marinade
4 EL frisch gepresster Limettensaft
2 EL Öl
2 TL Vollrohrzucker
1 TL fein gehackter Knoblauch
1 TL gemahlene Kreuzkümmelsamen
1 TL grobes Meersalz

1 kg Skirt-Steak (aus dem Rinderzwerchfell geschnitten; 1,5–2 cm dick), überschüssiges Fett entfernt, in 30 cm lange Stücke geschnitten

### Für die Salsa
275 g reife Tomaten, grob gewürfelt
2 Avocados, das Fruchtfleisch gewürfelt
4 EL grob gehackte frische Korianderblätter
3 EL fein gehackte Frühlingszwiebeln (nur den weißen Teil)
1–2 Chilischoten (vorzugsweise Jalapeño), fein gehackt
1 EL frisch gepresster Limettensaft
¼ TL Tabasco
Grobes Meersalz
Frisch gemahlener schwarzer Pfeffer

2 große Zwiebeln, in 1,5 cm dicke Scheiben geschnitten
2 große rote Paprikaschoten, in flache Stücke geschnitten
Öl

8 Weizenmehltortillas (ø 25 cm)

1. In einer kleinen Schüssel die Zutaten für die Marinade verrühren. Das Fleisch in einen großen, wiederverschließbaren Plastikbeutel geben und die Marinade dazugießen. Die Luft aus dem Beutel streichen, den Beutel fest verschließen und mehrmals wenden, bis sich die Marinade gleichmäßig verteilt hat. Bei Zimmertemperatur 30 Min. marinieren, gelegentlich wenden.

2. Den Grill für direkte starke Hitze (230–290 °C) vorbereiten (siehe Seite 10–11).

3. Die Zutaten für die Salsa in einer mittelgroßen Schüssel vermischen, mit Salz und Pfeffer würzen.

4. Den Grillrost mit der Bürste reinigen. Zwiebelscheiben und Paprikastücke mit Öl bestreichen und über ***direkter starker Hitze*** bei geschlossenem Deckel 6–8 Min. grillen, bis sie leicht gebräunt und weich sind, dabei ein- bis zweimal wenden. Vom Grill nehmen und abkühlen lassen. Zwiebeln grob würfeln, Paprika in schmale Streifen schneiden.

5. Die Marinade abgießen. Steak aus dem Beutel nehmen und abtropfen lassen. Über ***direkter starker Hitze*** bei geschlossenem Deckel bis zum gewünschten Gargrad grillen (4–6 Min. für rosa/rot bzw. medium rare), dabei ein- bis zweimal wenden. Bei Flammenbildung das Fleisch vorübergehend über indirekte Hitze legen. Vom Grill nehmen und 3–5 Min. ruhen lassen.

6. Die Tortillas in Alufolie einschlagen und 2 Min. über ***direkter starker Hitze*** erwärmen. Das Fleisch quer zur Faser in dünne Scheiben schneiden. Mit den Zwiebeln, Paprikastreifen, Tortillas und der Salsa servieren.

**FÜR 4–6 PERSONEN**

# SKIRT-STEAKS IN BALSAMICO UND ROSMARIN

## MIT KNUSPRIGEN KARTOFFELN UND OLIVEN-AIOLI

**ZUBEREITUNGSZEIT:** 45 Min.
**MARINIERZEIT:** 30 Min.–2 Std.
**GRILLZEIT:** 4–6 Min.

### Für die Marinade

75 ml Aceto balsamico
60 ml Olivenöl
4 EL gehackte frische Rosmarinnadeln

1 kg Skirt-Steak (aus dem Rinderzwerchfell geschnitten; 1,5–2 cm dick), überschüssiges Fett entfernt, in 30 cm lange Stücke geschnitten

### Für die Kartoffeln

Grobes Meersalz
500 g kleine neue Kartoffeln
2 EL Olivenöl
Frisch gemahlener schwarzer Pfeffer

### Für die Aioli

125 ml Mayonnaise
1 EL schwarze Olivenpaste (Tapenade)
1 TL frisch gepresster Zitronensaft
1 TL fein gehackter Knoblauch

1. Die Zutaten für die Marinade in einer großen Glas- oder Edelstahlschüssel verrühren. Steakfleisch hineinlegen, in der Marinade wenden und die Marinade mit den Händen kräftig ins Fleisch massieren. Abgedeckt mind. 30 Min. und bis zu 2 Std. im Kühlschrank marinieren.

2. Einen großen Topf mit Wasser füllen und das Wasser kräftig salzen (1 EL Salz pro Liter Wasser). Die ungeschälten Kartoffeln einfüllen, aufkochen und die Kartoffeln je nach Größe in 20–30 Min. weich kochen. Abgießen und etwas abkühlen lassen. Die Kartoffeln mit der Unterseite einer kleinen Pfanne behutsam auf etwa 2 cm Dicke flach drücken, anschließend rundherum mit Öl bestreichen und mit Salz und Pfeffer würzen.

Die Kartoffeln weich kochen, anschließend wie abgebildet flach drücken und zusammen mit den Steaks braun und knusprig grillen.

3. Die Zutaten für die Aioli in einer mittelgroßen Schüssel glatt rühren. Abdecken und bis zum Servieren kalt stellen.

4. Den Grill für direkte starke Hitze (230–290 °C) vorbereiten (siehe Seite 10–11).

5. Das Steakfleisch aus der Marinade nehmen, die Marinade weggießen. Die Stücke mit Küchenpapier trockentupfen, gleichmäßig salzen und pfeffern. Den Grillrost mit der Bürste reinigen. Das Fleisch über ***direkter starker Hitze*** bei geschlossenem Deckel bis zum gewünschten Gargrad grillen (4–6 Min. für rosa/rot bzw. medium rare), dabei ein- bis zweimal wenden. Bei Flammenbildung vorübergehend über indirekte Hitze legen. Gleichzeitig die Kartoffeln etwa 5 Min. grillen, dabei einmal wenden, bis sie schön gebräunt und knusprig sind. Alles vom Grill nehmen. Fleisch 3–5 Min. ruhen lassen, anschließend quer zur Faser in 5 mm dünne Scheiben schneiden. Mit Kartoffeln und Aioli warm servieren.

**FÜR 4 PERSONEN**

# STEAK-SALAT MIT SPINAT
## UND SESAM-INGWER-DRESSING

**ZUBEREITUNGSZEIT: 30 Min.**
**GRILLZEIT: 12–16 Min.**

### Für das Dressing

60 ml Rapsöl
2 EL frisch gepresster Limettensaft
1 EL Sojasauce
2 TL Vollrohrzucker
2 TL geröstetes Sesamöl (Asia-Laden)
½ TL frisch geriebener Ingwer
¼ TL zerstoßene Chiliflocken

650 g Skirt-Steak (aus dem Rinderzwerchfell geschnitten; 1,5–2 cm dick), überschüssiges Fett entfernt, in 30 cm lange Stücke geschnitten

2 mittelgroße rote Zwiebeln, in 1 cm dicke Scheiben geschnitten
125 g zarte Spinatblätter
50 g gesalzene, geröstete Erdnüsse
2 EL grob gehackte frische Minzeblätter
Grobes Meersalz
Frisch gemahlener schwarzer Pfeffer

1. Die Zutaten für das Dressing in einer mittelgroßen Schüssel verrühren.

2. Fleisch auf einem Backblech rundherum mit etwa einem Drittel des Dressings bestreichen. Zwiebelscheiben auf einem zweiten Backblech ebenso mit einem Drittel des Dressings bestreichen. Fleisch und Zwiebeln 15–30 Min. bei Zimmertemperatur marinieren.

3. Den Grill für direkte mittlere Hitze (175–230 °C) vorbereiten (siehe Seite 10–11).

4. Den Grillrost mit der Bürste reinigen. Die Zwiebeln über ***direkter mittlerer Hitze*** bei geschlossenem Deckel 8–10 Min. grillen, bis sie leicht gebräunt und weich sind, dabei ein- bis zweimal wenden. Vom Grill nehmen und grob würfeln. Die Grilltemperatur auf starke Hitze (230–290 °C) erhöhen.

5. Das Steakfleisch über ***direkter starker Hitze*** bei geschlossenem Deckel bis zum gewünschten Gargrad grillen (4–6 Min. für rosa/rot bzw. medium rare), dabei ein- bis zweimal wenden. Bei Flammenbildung vorübergehend über indirekte Hitze legen. Fleisch vom Grill nehmen, 3–5 Min. ruhen lassen, dann quer zur Faser in dünne Scheiben schneiden.

6. Die warmen Fleischscheiben in einer großen Schüssel mit Zwiebeln, Spinatblättern, Erdnüssen und Minze vermengen. Übriges Dressing nochmals kurz aufschlagen, den Salat damit anmachen (die Zutaten sollen nur dünn mit Dressing überzogen sein.) Salat mit Salz und Pfeffer würzen und sofort servieren.

**FÜR 4 PERSONEN**

# SKIRT-STEAKS IN ROSMARIN-KNOBLAUCH-MARINADE

## MIT SHIITAKE-PILZEN

**ZUBEREITUNGSZEIT:** **20 Min.**
**GRILLZEIT:** **4–6 Min.**
**ZUBEHÖR:** **gelochte Grillpfanne**

### Für die Marinade

125 ml Olivenöl
2 EL Rotweinessig
2 EL gehackte frische Rosmarinnadeln
1 EL fein gehackter Knoblauch
1 EL grobes Meersalz
1 TL frisch gemahlener schwarzer Pfeffer

450 g Shiitake-Pilze, Stiele entfernt
650 g Skirt-Steak (aus dem Rinderzwerchfell geschnitten; 1,5–2 cm dick), überschüssiges Fett entfernt, in 30 cm lange Stücke geschnitten
1 EL gehackte frische Thymianblättchen oder glatte Petersilienblätter

1. Die Zutaten für die Marinade in einer großen Glas- oder Edelstahlschüssel verrühren. Die Pilze in eine zweite große Glas- oder Edelstahlschüssel geben, die Marinade nochmals kurz aufschlagen und etwa die Hälfte davon über die Pilze gießen. Behutsam durchmischen, bis sie gleichmäßig mit Marinade überzogen sind. Das Steakfleisch in die Schüssel mit der restlichen Marinade legen und darin wenden. Fleisch und Pilze vor dem Grillen 15–30 Min. bei Zimmertemperatur marinieren.

2. Den Grill für direkte starke Hitze (230–290 °C) vorbereiten (siehe Seite 10–11). Den Grillrost mit der Bürste reinigen. Die Grillpfanne auf den Rost stellen und mind. 10 Min. vorheizen.

3. Das Fleisch aus der Marinade nehmen und abtropfen lassen. Die Marinade weggießen. Über ***direkter starker Hitze*** bei geschlossenem Deckel bis zum gewünschten Gargrad grillen (4–6 Min. für rosa/rot bzw. medium rare), dabei ein- bis zweimal wenden. Bei Flammenbildung die Stücke vorübergehend über indirekte starke Hitze legen. Gleichzeitig die Pilze in der Grillpfanne grillen. Dafür vorsichtig aus der Marinade heben und nebeneinander in der Pfanne verteilen. Die Pilze 3–4 Min. garen, bis sie stellenweise gut gebräunt und durch und durch weich sind, dabei ab und zu wenden. Die Pilze in eine saubere Schüssel umfüllen. Das Fleisch vom Grill nehmen, 3–5 Min. ruhen lassen.

4. Die Fleischstücke quer zur Faser in 5 mm dünne Scheiben schneiden und auf einer großen Platte oder Tellern anrichten. Die Pilze rund um das Fleisch verteilen, alles mit Thymian oder Petersilie bestreuen und warm servieren.

**FÜR 4 PERSONEN**

# MARINIERTE SKIRT-STEAKS
## MIT CHILI-TOMATEN-SALSA

**ZUBEREITUNGSZEIT:** **20 Min.**
**MARINIERZEIT:** **1 Std.**
**GRILLZEIT:** **14–18 Min.**

### Für die Marinade

3 EL Olivenöl
2 EL Aceto balsamico
1 EL fein gehackter Knoblauch
1½ TL geräuchertes Paprikapulver (Feinkostladen)
1 TL grobes Meersalz
½ TL frisch gemahlener schwarzer Pfeffer

1 kg Skirt-Steak (aus dem Rinderzwerchfell geschnitten; 1,5–2 cm dick), überschüssiges Fett entfernt, in 30 cm lange Stücke geschnitten

### Für die Salsa

1 mittelgroße rote Zwiebel, in 1,5 cm dicke Scheiben geschnitten
Olivenöl
3 milde Chilischoten (vorzugsweise Poblano)
1 gelbe Paprikaschote
500 g Kirschtomaten, geviertelt
½ TL Aceto balsamico
1 kräftige Prise grobes Meersalz

1. Die Zutaten für die Marinade verrühren. Das Fleisch in einem großen, wiederverschließbaren Plastikbeutel mit der Marinade übergießen. Die Luft aus dem Beutel streichen, den Beutel fest verschließen und mehrmals wenden, bis sich die Marinade gut verteilt hat. 1 Std. kalt stellen.

2. Den Grill für direkte starke Hitze (230–290 °C) vorbereiten (siehe Seite 10–11).

3. Den Grillrost mit der Bürste reinigen. Zwiebelscheiben mit Öl bestreichen. Zusammen mit den Chilis und der Paprika über ***direkter starker Hitze*** bei geschlossenem Deckel 8–12 Min. grillen, dabei gelegentlich wenden, bis die Zwiebel weich und die Haut der Paprika und Chilis stellenweise schwarz ist und Blasen wirft. Vom Grill nehmen. Paprika und Chilis in einer mit Frischhaltefolie abgedeckten Schüssel mind. 10 Min. beiseitestellen.

4. Die Marinade abgießen. Das Fleisch aus dem Beutel nehmen und vor dem Grillen 15–30 Min. Zimmertemperatur annehmen lassen.

5. Von allen Schoten die Haut abziehen, Stiel, Kerne und Trennwände entfernen. Das Fruchtfleisch jeweils 1 cm groß würfeln und in einer Schüssel mit Tomaten, Essig und Salz vermischen.

6. Das Fleisch über ***direkter starker Hitze*** bei geschlossenem Deckel bis zum gewünschten Gargrad grillen (4–6 Min. für rosa/rot bzw. medium rare), dabei ein- bis zweimal wenden. Bei Flammenbildung vorübergehend über indirekte Hitze legen. Vom Grill nehmen und 3–5 Min. ruhen lassen. Quer zur Faser in Scheiben schneiden und mit der Salsa servieren.

**FÜR 4–6 PERSONEN**

# SIRLOIN-STEAK
## NACH ART VON SANTA FE

**ZUBEREITUNGSZEIT: 10 Min.**
**GRILLZEIT: 10–12 Min.**

### Für die Würzmischung

1½ TL grobes Meersalz
1 TL frisch gemahlener schwarzer Pfeffer
1 TL gemahlene Kreuzkümmelsamen
1 TL Vollrohrzucker
½ TL Chilipulver (vorzugsweise Ancho-Chilipulver)
½ TL getrockneter Oregano

1 Sirloin-Steak (flaches Roastbeef; 800–900 g schwer und 3 cm dick)

Olivenöl
1 Limette, geviertelt

1. Den Grill für direkte mittlere Hitze (175–230 °C) vorbereiten (siehe Seite 10–11).

2. Die Zutaten für die Würzmischung in einer kleinen Schüssel vermengen.

3. Das Steak auf beiden Seiten dünn mit Öl bestreichen, anschließend gleichmäßig mit der Würzmischung einreiben. Vor dem Grillen 15–30 Min. Zimmertemperatur annehmen lassen.

4. Den Grillrost mit der Bürste reinigen. Steak über ***direkter mittlerer Hitze*** bei geschlossenem Deckel bis zum gewünschten Gargrad grillen (10–12 Min. für rosa/rot bzw. medium rare), ein- bis zweimal wenden. Bei Flammenbildung das Fleisch vorübergehend über indirekte Hitze legen. Vom Grill nehmen und 3–5 Min. ruhen lassen.

5. Steak quer zur Faser in dünne Scheiben schneiden und warm mit Limettenvierteln zum Beträufeln servieren. Dazu passt: Knackiger Sommersalat von Mais und Tomaten (siehe Seite 121).

**FÜR 4–6 PERSONEN**

# SIRLOIN-STEAK
## IN KOKOS-CURRY-MARINADE

**ZUBEREITUNGSZEIT: 10 Min.**
**MARINIERZEIT: 3–4 Std.**
**GRILLZEIT: 10–12 Min.**

### Für die Marinade
1 Zwiebel, grob gewürfelt
2 Knoblauchzehen, geschält
250 ml ungesüßte Kokosmilch, durchgerührt
3 EL frisch gepresster Limettensaft
1 EL Madras-Currypulver
2 TL Sojasauce

1 Sirloin-Steak (flaches Roastbeef; 800–900 g schwer und 3 cm dick)

1. Zwiebel und Knoblauch mit den restlichen Zutaten für die Marinade in der Küchenmaschine fein zerkleinern. Das Steak mit einem scharfen Messer kreuzweise nicht tiefer als 3 mm einschneiden. In eine etwa 20 x 32 cm große Glasform legen, die Marinade darübergießen und das Fleisch in der Marinade wenden, bis es gut davon überzogen ist. Abgedeckt 3–4 Std. in den Kühlschrank stellen, dabei ein- bis zweimal wenden.

2. Vor dem Grillen das Fleisch 15–30 Min. Zimmertemperatur annehmen lassen.

3. Den Grill für direkte mittlere Hitze (175–230 °C) vorbereiten (siehe Seite 10–11).

4. Das Steak aus der Marinade nehmen, abtropfen lassen. Die Marinade weggießen.

5. Den Grillrost mit der Bürste reinigen. Steak über ***direkter mittlerer Hitze*** bei geschlossenem Deckel bis zum gewünschten Gargrad grillen (10–12 Min. für rosa/rot bzw. medium rare), ein- bis zweimal wenden. Bei Flammenbildung vorübergehend über indirekte Hitze legen. Fleisch vom Grill nehmen und 3–5 Min. ruhen lassen.

6. Das Steak quer zur Faser in dünne Scheiben schneiden. Warm servieren.

**FÜR 4–6 PERSONEN**

# TERIYAKI-SIRLOIN-SPIESSE
## MIT PAPRIKA UND ANANAS

**ZUBEREITUNGSZEIT:** **30 Min.**
**MARINIERZEIT:** **1 Std.**
**GRILLZEIT:** **6–8 Min.**
**ZUBEHÖR:** **8 Metall- oder Holzspieße (Holzspieße mind. 30 Min. gewässert)**

### Für die Marinade

- 60 ml Olivenöl
- 60 ml Sojasauce
- 4 EL brauner Zucker
- 2 EL Mirin (süßer Reiswein; Asia-Laden)
- 1 große Schalotte, fein gerieben
- 1 EL Sesamsamen
- 1 EL frisch geriebener Ingwer
- 2 Knoblauchzehen, fein gehackt oder zerdrückt
- 1 TL geröstetes Sesamöl (Asia-Laden)
- 1 TL frisch gemahlener schwarzer Pfeffer

- 1 Sirloin-Steak (flaches Roastbeef; 700 g schwer und 3 cm dick), in 4 cm große Würfel geschnitten
- 1 TL grobes Meersalz
- ½ kleine rote Zwiebel, halbiert, in einzelne Schichten zerteilt
- 1 rote Paprikaschote, in 4 cm große Quadrate geschnitten
- ½ frische Ananas, das Fruchtfleisch in 4 cm große Würfel geschnitten

1. Die Zutaten für die Marinade in einer mittelgroßen Schüssel verrühren. Die Fleischwürfel hinzufügen und mit der Marinade vermischen. Abdecken und 1 Std. im Kühlschrank marinieren.

2. Den Grill für direkte starke Hitze (230–290 °C) vorbereiten (siehe Seite 10–11).

3. Das Fleisch aus der Marinade nehmen, mit Küchenpapier trockentupfen und salzen. Zwiebel und Paprikastücke in die Marinade legen, mehrmals darin wenden, bis sie rundherum mit Marinade überzogen sind. Fleisch auf Spieße stecken, Gemüse und Ananas abwechselnd auf separate Spieße stecken.

4. Den Grillrost mit der Bürste reinigen. Fleischspieße über ***direkter starker Hitze*** bei geschlossenem Deckel grillen, bis das Fleisch außen dunkel gebräunt und karamellisiert ist (6–8 Min. für rosa/rot bzw. medium rare), ein- bis zweimal wenden. Bei Flammenbildung die Spieße vorübergehend über indirekte Hitze legen. Gleichzeitig Gemüse-Ananas-Spieße 6–8 Min. über ***direkter starker Hitze*** grillen, bis Paprika und Zwiebel weich sind, ab und zu wenden. Die Spieße vom Grill nehmen und warm servieren.

**FÜR 4 PERSONEN**

# STEAK- UND TOMATEN-SPIESSE

## MIT CREMIGER POLENTA

**ZUBEREITUNGSZEIT:** **20 Min.**
**MARINIERZEIT:** **1–4 Std.**
**GRILLZEIT:** **6–8 Min.**
**ZUBEHÖR:** **12 Metall- oder Holzspieße (Holzspieße mind. 30 Min. gewässert)**

### Für die Marinade

60 ml Olivenöl
2 EL gehackte frische Rosmarinnadeln
1 TL zerstoßene Chiliflocken
1 TL frisch gemahlener schwarzer Pfeffer

1 Sirloin-Steak (flaches Roastbeef; 700 g schwer und 2,5–3 cm dick), in 3 cm große Würfel geschnitten

### Für die Polenta

1 l Milch
2 TL grobes Meersalz
125 g Polenta (Maisgrieß)
2 EL Butter

2 ½ TL grobes Meersalz
450 g große Kirschtomaten
Olivenöl

1. Die Zutaten für die Marinade in einer mittelgroßen Schüssel verrühren. Mit den Fleischwürfeln vermischen, abgedeckt 1–4 Std. kalt stellen.

2. In einem mittelgroßen hohen Topf 750 ml Milch auf starker Stufe bis zum Siedepunkt erhitzen (nicht aufkochen). Salz hinzufügen, die Temperatur auf mittlere bis kleine Stufe reduzieren und den Maisgrieß unter ständigem Rühren langsam einrieseln lassen, dabei nur in einer Richtung rühren, um Klumpen zu vermeiden. Erneut bis zum Siedepunkt erhitzen, dann bei kleiner Hitze unter Rühren weitergaren, bis die Polenta die Konsistenz von lockerem Kartoffelpüree hat. Die Butter unterziehen, den Topf vom Herd nehmen.

3. Den Grill für direkte starke Hitze (230–290 °C) vorbereiten (siehe Seite 10–11).

4. Die Marinade abgießen. Das Fleisch aus der Schüssel nehmen, gleichmäßig salzen und auf Spieße stecken. Die Tomaten auf separate Spieße stecken und rundherum dünn mit Öl bestreichen.

5. Den Grillrost mit der Bürste reinigen. Fleischspieße über ***direkter starker Hitze*** bei geschlossenem Deckel bis zum gewünschten Gargrad grillen (6–8 Min. für rosa/rot bzw. medium rare), ein- bis zweimal wenden. Bei Flammenbildung vorübergehend über indirekte Hitze legen. Gleichzeitig die Tomaten 3–4 Min. über ***direkter starker Hitze*** grillen, bis sie außen leicht gebräunt und innen heiß sind, gelegentlich wenden. Fertige Spieße vom Grill nehmen.

6. Wenn die Polenta inzwischen zu stark abgekühlt ist, bei mittlerer Hitze unter Rühren erwärmen und bei Bedarf 125–250 ml Milch unterrühren, damit sie geschmeidig bleibt. Die Spieße warm mit der Polenta servieren.

**FÜR 4 PERSONEN**

# PERUANISCHE STEAK-SPIESSE
## MIT PAPRIKA UND ZWIEBELN

**ZUBEREITUNGSZEIT:** 30 Min.
**MARINIERZEIT:** 2 Std.
**GRILLZEIT:** 8–12 Min.
**ZUBEHÖR:** Metall- oder Holzspieße (Holzspieße mind. 30 Min. gewässert)

### Für die Marinade

2 mittelgroße Chilischoten (vorzugsweise Jalapeño)
1 große rote Zwiebel, grob gewürfelt
125 ml Olivenöl
60 ml Rotweinessig
1 EL Paprikapulver
4 Knoblauchzehen, geschält
2 TL grobes Meersalz
1½ TL gemahlene Kreuzkümmelsamen

700 g Sirloin-Steak (flaches Roastbeef; 2,5–3 cm dick), in 2 cm breite Streifen geschnitten
2 rote Paprikaschoten, in 3–4 cm große Quadrate geschnitten
1 große rote Zwiebel, längs halbiert, jede Hälfte in 6 Spalten geschnitten

1. Von den Chilis Stiel, Kerne und Trennwände entfernen. Mit den restlichen Zutaten für die Marinade in der Küchenmaschine fein pürieren. 4 EL der Marinade für die Paprikaschoten und die Zwiebel beiseitestellen.

2. Die Steakstreifen in einen großen, wiederverschließbaren Plastikbeutel geben und die Marinade dazugießen. Die Luft aus dem Beutel streichen, den Beutel fest verschließen und mehrmals wenden, bis sich die Marinade gleichmäßig verteilt hat. Das Fleisch 2 Std. im Kühlschrank marinieren, dabei gelegentlich wenden.

3. Den Grill für direkte mittlere Hitze (175–230 °C) vorbereiten (siehe Seite 10–11).

4. Paprikastücke und Zwiebelspalten abwechselnd auf Spieße stecken und rundherum mit etwas von der beiseitegestellten Marinade bestreichen. Die Steakstreifen aus dem Beutel nehmen und auf Spieße stecken, dabei noch anhaftende Marinade nicht abtupfen. Restliche Marinade weggießen.

5. Den Grillrost mit der Bürste reinigen. Gemüsespieße über ***direkter mittlerer Hitze*** bei geschlossenem Deckel 8–12 Min. grillen, bis das Gemüse stellenweise gebräunt und weich ist, gelegentlich wenden. Gleichzeitig die Steakspieße über ***direkter mittlerer Hitze*** bis zum gewünschten Gargrad grillen (4–6 Min. für rosa/rot bzw. medium rare), dabei ein- bis zweimal wenden. Bei Flammenbildung Fleischspieße vorübergehend über indirekte Hitze legen. Die Spieße auf Tellern anrichten und warm servieren.

**FÜR 4 PERSONEN**

# SPANISCHES SIRLOIN-STEAK
## MIT MEERRETTICH-ESTRAGON-SAUCE

**ZUBEREITUNGSZEIT:** **20 Min.**
**MARINIERZEIT:** **2–4 Std.**
**GRILLZEIT:** **10–12 Min.**

### Für die Marinade

125 ml trockener Rotwein
60 ml Olivenöl
2 EL Rotweinessig
1 EL fein gehackter Knoblauch
1 TL getrockneter Oregano
1 TL Paprikapulver
1 TL grobes Meersalz
½ TL frisch gemahlener schwarzer Pfeffer

1 Sirloin-Steak (flaches Roastbeef; 800–900 g schwer und 3 cm dick)

### Für die Sauce

125 g Schmand
2 EL Meerrettich (aus dem Glas)
1 EL fein gehackte frische Estragonblätter
¼ TL grobes Meersalz
1 kräftige Prise frisch gemahlener schwarzer Pfeffer

1. Die Zutaten für die Marinade in einer mittelgroßen Schüssel verrühren.

2. Das Steak in einen großen, wiederverschließbaren Plastikbeutel geben und die Marinade dazugießen. Die Luft aus dem Beutel streichen, den Beutel fest verschließen und mehrmals wenden, damit sich die Marinade gleichmäßig verteilt. Den Beutel in eine Schüssel legen und das Fleisch im Kühlschrank 2–4 Std. marinieren, dabei gelegentlich wenden.

3. In einer kleinen Schüssel Schmand mit Meerrettich glatt rühren. Estragon, Salz und Pfeffer untermischen. Abdecken und bis zum Servieren kalt stellen.

4. Den Grill für direkte mittlere Hitze (175–230 °C) vorbereiten (siehe Seite 10–11).

5. Steak aus der Marinade nehmen und abtropfen lassen. Restliche Marinade weggießen. Das Fleisch vor dem Grillen 15–30 Min. Zimmertemperatur annehmen lassen.

6. Den Grillrost mit der Bürste reinigen. Steak über ***direkter mittlerer Hitze*** bei geschlossenem Deckel bis zum gewünschten Gargrad grillen (10–12 Min. für rosa/rot bzw. medium rare), ein- bis zweimal wenden. Bei Flammenbildung vorübergehend über indirekte Hitze legen. Fleisch vom Grill nehmen und 3–5 Min. ruhen lassen.

7. Das Steak quer zur Faser in dünne Scheiben schneiden. Warm mit der Sauce servieren. Dazu passt: Couscous-Salat (siehe Seite 123).

**FÜR 4–6 PERSONEN**

# SIRLOIN-STEAK
## MIT WASABI-KNOBLAUCH-SAUCE

**ZUBEREITUNGSZEIT:** 25 Min.
**MARINIERZEIT:** 2–4 Std.
**GRILLZEIT:** 6–8 Min.

### Für die Marinade
250 ml salzreduzierte Sojasauce
4 EL flüssiger Honig
2 EL frisch gepresster Orangensaft
2 EL gehackte frische Korianderblätter
1 EL frisch gepresster Limettensaft
1 EL gehackte frische Minzeblätter
3 Knoblauchzehen, zerdrückt
1 TL frisch geriebener Ingwer

4 Sirloin-Steaks (aus dem flachen Roastbeef; je etwa 225 g schwer und 3 cm dick)

### Für die Sauce
350 g Sahne
3 Knoblauchzehen, zerdrückt
2 EL salzreduzierte Sojasauce
1 TL Speisestärke
1 EL frisch gepresster Limettensaft
2 EL Wasabi (japanische grüne Meerrettichpaste)
1 TL Dijon-Senf
½ TL grobes Meersalz

1½ EL Olivenöl

1. In einer mittelgroßen Schüssel die Zutaten für die Marinade verrühren. Die Steaks in einen großen, wiederverschließbaren Plastikbeutel geben und die Marinade dazugießen. Die Luft aus dem Beutel streichen, den Beutel fest verschließen und mehrmals wenden, bis sich die Marinade gleichmäßig verteilt hat. Das Fleisch 2–4 Std. im Kühlschrank marinieren, gelegentlich wenden.

2. Die Sahne mit dem Knoblauch in einem mittelgroßen Topf auf mittlerer Stufe bis zum Siedepunkt erhitzen, Hitze reduzieren und die Sahne 5 Min. unter häufigem Rühren etwas einkochen lassen (Vorsicht, dass sie nicht überkocht!). Inzwischen in einer kleinen Schüssel Sojasauce und Speisestärke glatt rühren. In die Sahne rühren, alles etwa 2 Min. weiterköcheln lassen, bis die Sahne leicht eindickt. Limettensaft, Wasabi und Senf unterrühren und 1 Min. mitgaren. Vom Herd nehmen und die Sauce salzen.

3. Die Steaks vor dem Grillen 15–30 Min. Zimmertemperatur annehmen lassen. Den Grill für direkte starke Hitze (230–290 °C) vorbereiten (siehe Seite 10–11).

4. Die Marinade abgießen. Die Steaks aus dem Beutel nehmen, mit Küchenpapier trockentupfen und auf beiden Seiten dünn mit Öl bestreichen. Über ***direkter starker Hitze*** bei geschlossenem Deckel bis zum gewünschten Gargrad grillen (6–8 Min. für rosa/rot bzw. medium rare), dabei ein- bis zweimal wenden. Bei Flammenbildung das Fleisch vorübergehend über indirekte Hitze legen. Vom Grill nehmen und 3–5 Min. ruhen lassen. Warm mit der Sauce servieren.

**FÜR 4 PERSONEN**

# SANDWICH MIT GEGRILLTEM BRATENFLEISCH
## UND SENFSAUCE

**ZUBEREITUNGSZEIT:** 20 Min.
**MARINIERZEIT:** 1 Std.
**GRILLZEIT:** etwa 30 Min.

### Für die Würzpaste
2 EL körniger Senf
1 EL fein gehackte frische Rosmarinnadeln
1 EL grobes Meersalz
2 Knoblauchzehen, zerdrückt
1 TL frisch gemahlener schwarzer Pfeffer

1 Rinderbraten (Bürgermeister- bzw. Pastorenstück; 700 g schwer und 3,5 cm dick), Fett und Silberhaut entfernt

### Für die Sauce
2 EL körniger Senf
2 EL Mayonnaise
1 EL Olivenöl
1 TL Rotweinessig
1 TL grobes Meersalz
½ TL frisch gemahlener schwarzer Pfeffer

8 Scheiben helles Sauerteigbrot
2 EL weiche Butter
1 Handvoll Brunnenkresse

1. Die Zutaten für die Würzpaste in einer kleinen Schüssel vermischen. Den Braten rundherum damit einreiben, in Frischhaltefolie wickeln und 1 Std. im Kühlschrank marinieren.

2. In einer kleinen Schüssel die Zutaten für die Sauce glatt rühren. Bis zum Servieren kalt stellen.

3. Das Fleisch vor dem Grillen 15–30 Min. Zimmertemperatur annehmen lassen.

4. Den Grill für direkte und indirekte mittlere Hitze (175–230 °C) vorbereiten (siehe Seite 10–11).

5. Den Grillrost mit der Bürste reinigen. Den Braten über ***direkter mittlerer Hitze*** bei geschlossenem Deckel 8–10 Min grillen, dabei ein- bis zweimal wenden, bis sich auf beiden Seiten deutliche Grillmuster gebildet haben. Anschließend über ***indirekter mittlerer Hitze*** bei geschlossenem Deckel bis zum gewünschten Gargrad fertig grillen (15–20 Min. für rosa/rot bzw. medium rare), dabei etwa alle 5 Min. wenden. Vom Grill nehmen und 5–10 Min. ruhen lassen. Den Braten quer zur Faser in 5 mm dünne Scheiben schneiden.

6. Die Brotscheiben mit Butter bestreichen und über ***direkter mittlerer Hitze*** etwa 1 Min. rösten, dabei einmal wenden.

7. Die Hälfte der Brotscheiben mit je 1 TL Sauce bestreichen, mit Fleisch belegen und Brunnenkresse darüberstreuen. Die belegten Brote mit den restlichen Brotscheiben bedecken und servieren.

**FÜR 4 PERSONEN**

# PFEFFERBRATEN
## MIT GEGRILLTER PEPERONATA

**ZUBEREITUNGSZEIT: 30 Min.**
**GRILLZEIT: 35–45 Min.**

### Für die Würzmischung

1½ TL grobes Meersalz
1 TL frisch gemahlener schwarzer Pfeffer
1 TL Chilipulver (Gewürzmischung)
1 TL Knoblauchgranulat

1 Rinderbraten (Bürgermeister- bzw. Pastorenstück; etwa 1 kg schwer und 3,5 cm dick), Fett und Silberhaut entfernt
Olivenöl

### Für die Peperonata

4 große Paprikaschoten (rot, gelb, orange oder gemischt)
3 EL Olivenöl
2 EL fein gehackte frische glatte Petersilienblätter
1 EL Rotweinessig
¼ TL grobes Meersalz
¼ TL frisch gemahlener schwarzer Pfeffer

1. Die Zutaten für die Würzmischung in einer kleinen Schüssel vermengen. Den Braten dünn mit Öl bestreichen und gleichmäßig mit der Würzmischung einreiben. Vor dem Grillen 15–30 Min. Zimmertemperatur annehmen lassen.

2. Den Grill für direkte und indirekte mittlere Hitze (175–230 °C) vorbereiten (siehe Seite 10–11).

3. Den Grillrost mit der Bürste reinigen. Die Paprikaschoten über ***direkter mittlerer Hitze*** bei geschlossenem Deckel 12–15 Min. grillen, bis die Haut stellenweise schwarz ist und Blasen wirft, dabei gelegentlich wenden. In einer großen, mit Frischhaltefolie abgedeckten Schüssel mind. 10 Min. beiseitestellen. Anschließend die Haut der Schoten abziehen, Stiele, Kerne und Trennwände entfernen und das Fruchtfleisch in 1 cm dünne Streifen schneiden. Die restlichen Zutaten für die Peperonata in einer Glas- oder Edelstahlschüssel verrühren und die Paprikastreifen untermischen.

4. Den Braten über ***direkter mittlerer Hitze*** bei geschlossenem Deckel 8–10 Min grillen, dabei ein- bis zweimal wenden, bis sich auf beiden Seiten deutliche Grillmuster gebildet haben. Anschließend über ***indirekter mittlerer Hitze*** bei geschlossenem Deckel weitergrillen, bis er den gewünschten Gargrad erreicht hat (15–20 Min. für rosa/rot bzw. medium rare), dabei etwa alle 5 Min. wenden. Vom Grill nehmen und 5–10 Min. ruhen lassen.

5. Fleisch quer zur Faser in 1 cm dicke Scheiben schneiden, den austretenden Fleischsaft auffangen. Die Scheiben auf Tellern anrichten und mit dem Fleischsaft beträufeln. Warm mit der Peperonata servieren.

**FÜR 4–6 PERSONEN**

# RINDERBRATEN IM HICKORY-RAUCH

## MIT SCHNITTLAUCH-SAHNE-SAUCE

**ZUBEREITUNGSZEIT:** 20 Min.
**GRILLZEIT:** 23–30 Min.

1 Rinderbraten (Bürgermeister- bzw. Pastorenstück; etwa 1 kg schwer und 4 cm dick), Fett und Silberhaut entfernt
Olivenöl
1½ TL grobes Meersalz
¾ TL frisch gemahlener schwarzer Pfeffer

### Für die Sauce

1 EL Butter
2 EL fein gehackte Schalotte
2 TL fein gehackter Knoblauch
350 g Sahne
2 EL körniger Senf
½ TL grobes Meersalz
¼ TL frisch gemahlener schwarzer Pfeffer
2 EL frische Schnittlauchröllchen

2 Handvoll Hickory-Räucherspäne, mind. 30 Min. gewässert

1. Den Braten dünn mit Öl bestreichen und mit Salz und Pfeffer würzen. Vor dem Grillen 15 bis 30 Min. Zimmertemperatur annehmen lassen.

2. Den Grill für direkte und indirekte mittlere Hitze (175–230 °C) vorbereiten (siehe Seite 10–11).

3. Den Grillrost mit der Bürste reinigen. Die Räucherspäne abtropfen lassen, auf die Glut legen oder nach Herstelleranweisung in die Räucherbox des Gasgrills geben

4. Den Braten über ***direkter mittlerer Hitze*** bei geschlossenem Deckel 8–10 Min grillen, dabei ein- bis zweimal wenden, bis sich auf beiden Seiten deutliche Grillmuster gebildet haben. Anschließend über ***indirekter mittlerer Hitze*** bei geschlossenem Deckel bis zum gewünschten Gargrad weitergrillen (15–20 Min. für rosa/rot bzw. medium rare), dabei etwa alle 5 Min. wenden. Das Fleisch vom Grill nehmen und 5–10 Min. ruhen lassen. Inzwischen die Sauce zubereiten.

5. In einem kleinen Topf die Butter bei mittlerer Hitze zerlassen und die Schalotten darin unter häufigem Rühren 1–2 Min. andünsten, ohne dass sie Farbe nehmen. Den Knoblauch etwa 30 Sek. unter Rühren mitgaren, bis er duftet. Sahne, Senf, Salz und Pfeffer zufügen, alles gründlich vermischen und bis zum Siedepunkt erhitzen (nicht aufkochen!). Die Sauce 5 Min. im offenen Topf köcheln lassen, bis sie so weit reduziert ist, dass sie den Rücken eines Holzlöffels überzieht. Den Schnittlauch unterrühren.

6. Das Fleisch quer zur Faser in dünne Scheiben schneiden und warm mit der Sauce servieren.

**FÜR 4–6 PERSONEN**

# RINDFLEISCH- UND ZUCCHINI-SPIESSE
## MIT PAPRIKA-AIOLI

**ZUBEREITUNGSZEIT:** 20 Min.
**GRILLZEIT:** 4–6 Min.
**ZUBEHÖR:** 10 Metall- oder Holzspieße (Holzspieße mind. 30 Min. gewässert)

### Für die Aioli

250 ml Mayonnaise
3 EL frisch gepresster Zitronensaft
1½ EL fein gehackte frische glatte Petersilienblätter
5 große Knoblauchzehen, zerdrückt
2 TL geräuchertes Paprikapulver (Feinkostladen)
¼ TL frisch gemahlener schwarzer Pfeffer

### Für die Spieße

500 g Rinderbraten (Bürgermeister- bzw. Pastorenstück), in 2,5 cm große Würfel geschnitten
3 mittelgroße Zucchini, quer in 1,5 cm dicke Scheiben geschnitten
2 EL Olivenöl
1½ TL grobes Meersalz
1 TL geräuchertes Paprikapulver
¼ TL frisch gemahlener schwarzer Pfeffer

1. Die Zutaten für die Aioli in einer mittelgroßen Glas- oder Edelstahlschüssel glatt rühren und bis zum Servieren kalt stellen. (Die Aioli kann 1 Tag im Voraus zubereitet werden.)

2. Den Grill für direkte mittlere Hitze (175–230 °C) vorbereiten (siehe Seite 10–11).

3. Die Zutaten für die Spieße in einer großen Schüssel vermengen. Fleisch und Zucchini auf separate Spieße stecken, die Zucchinischeiben dabei durch die Schale aufspießen, damit eine möglichst große Oberfläche mit dem heißen Rost in Kontakt kommt. Die Zutaten nicht zu eng auf die Spieße stecken.

4. Den Grillrost mit der Bürste reinigen. Die Steakspieße über ***direkter mittlerer Hitze*** bei geschlossenem Deckel 4–6 Min. grillen, dabei ein- bis zweimal wenden, bis das Fleisch rundherum gebräunt ist. Bei Flammenbildung die Spieße vorübergehend über indirekte Hitze legen. Gleichzeitig die Zucchinispieße 4–6 Min. über ***direkter mittlerer Hitze*** grillen und ein- bis zweimal wenden, bis das Gemüse auf beiden Seiten gebräunt und weich, aber noch bissfest ist. Vom Grill nehmen und 3–5 Min. ruhen lassen. Spieße warm mit der Aioli servieren.

**FÜR 4 PERSONEN**

# FALSCHES FILET

## MIT KRÄUTERBUTTER UND GEGRILLTEN BROKKOLINI

**ZUBEREITUNGSZEIT:** **15 Min.**
**KÜHLZEIT:** **1 Std.**
**GRILLZEIT:** **11–15 Min.**

### Für die Kräuterbutter

125 g weiche Butter
1 EL fein gehackte frische Estragonblätter
1 EL frische Schnittlauchröllchen
1 Knoblauchzehe, zerdrückt oder fein gehackt
½ TL fein abgeriebene Schale von 1 Bio-Zitrone
½ TL grobes Meersalz

4 Steaks aus dem falschen Filet (Schulterfilets; je 175–225 g schwer und 2,5 cm dick), überschüssiges Fett und Sehnen entfernt
Olivenöl
Grobes Meersalz
Frisch gemahlener schwarzer Pfeffer

500 g Brokkolini (Spargelbrokkoli; die Stängel nicht dicker als 1,5 cm)
1 TL zerstoßene Chiliflocken

1. Die Zutaten für die Kräuterbutter in einer kleinen Schüssel verkneten. Die Butter auf Pergament- oder Backpapier zu einer etwa 3 cm dicken Rolle formen, anschließend eng in das Papier einwickeln und das Papier an den Enden mehrmals verdrehen. Mind. 1 Std. kalt stellen.

2. Die Steaks auf beiden Seiten dünn mit Öl bestreichen und mit Salz und Pfeffer würzen. Vor dem Grillen 15–30 Min. Zimmertemperatur annehmen lassen. Die Brokkolini 20–30 Min. in einer großen Schüssel in Wasser einweichen. Dabei nehmen sie Wasser auf und können später auf dem Grill zusätzlich etwas dämpfen.

3. Den Grill für direkte und indirekte starke Hitze (230–290 °C) vorbereiten (siehe Seite 10–11).

4. Das Wasser von den Brokkolini abgießen. Das Gemüse in der Schüssel mit etwas Öl beträufeln, mit Salz und Chiliflocken würzen und alles gut vermischen.

5. Den Grillrost mit der Bürste reinigen. Die Steaks über ***direkter starker Hitze*** bei geschlossenem Deckel bis zum gewünschten Gargrad grillen (6–8 Min. für rosa/rot bzw. medium rare), dabei ein- bis zweimal wenden. Bei Flammenbildung das Fleisch vorübergehend über indirekte Hitze legen. Die Steaks vom Grill nehmen, ruhen lassen und inzwischen die Brokkolini grillen.

**6.** Die Brokkolini mit einer Grillzange aus der Schüssel heben und überschüssiges Öl abtropfen lassen. Über ***direkter starker Hitze*** bei geschlossenem Deckel 3–4 Min grillen, dabei gelegentlich wenden, bis die Stangen leicht gebräunt sind. Anschließend über ***indirekte starke Hitze*** legen und bei geschlossenem Deckel in 2–3 Min. fertig grillen.

**7.** Von der Kräuterbutter 4 Scheiben (etwa 1,5 cm dick) abschneiden, das Papier abziehen und jedes Steak mit 1 Butterscheibe belegen. Warm mit den gegrillten Brokkolini servieren.

**FÜR 4 PERSONEN**

# ZITRUSFRISCHE FLEISCHSPIESSE
## MIT FRÜHLINGSZWIEBELN

**ZUBEREITUNGSZEIT:** 15 Min.
**GRILLZEIT:** 6–8 Min.
**ZUBEHÖR:** Metall- oder Holzspieße (Holzspieße mind. 30 Min. gewässert)

### Für die Würzpaste

1 kleine Handvoll frische Minzeblätter
1 kleine Handvoll frische glatte Petersilienblätter samt zarten Stielen
125 ml frisch gepresster Orangensaft
2 EL frisch gepresster Limettensaft
2 EL Olivenöl
3 Knoblauchzehen, geschält
½ Chilischote (vorzugsweise Jalapeño)
1½ TL grobes Meersalz
½ TL gemahlene Kreuzkümmelsamen
½ TL Chilipulver (Gewürzmischung)
¼ TL frisch gemahlener schwarzer Pfeffer

4 Steaks vom falschen Filet (Schulterfilets; je 175–225 g schwer und 2,5 cm dick), überschüssiges Fett und Sehnen entfernt, in 4 cm große Stücke geschnitten
12 Frühlingszwiebeln, in 4 cm lange Stücke geschnitten (ohne die dunkelgrünen Enden)
Olivenöl

1. Die Zutaten für die Würzpaste in der Küchenmaschine pürieren, bis eine glatte Paste entsteht.

2. Das Fleisch in einer großen Glas- oder Edelstahlschüssel mit der Paste vermischen, bis alle Stücke mit Paste überzogen sind. Vor dem Grillen 15–30 Min. Zimmertemperatur annehmen lassen.

3. Den Grill für direkte starke Hitze (230–290 °C) vorbereiten (siehe Seite 10–11).

4. Fleisch und Frühlingszwiebeln abwechselnd auf die Spieße stecken, anschließend rundherum dünn mit Öl bestreichen.

5. Den Grillrost mit der Bürste reinigen. Die Spieße über ***direkter starker Hitze*** bei geschlossenem Deckel grillen, bis das Fleisch den gewünschten Gargrad erreicht hat (6–8 Min. für rosa/rot bzw. medium rare), dabei ein- bis zweimal wenden. Bei Flammenbildung die Spieße vorübergehend über indirekte Hitze legen. Vom Grill nehmen, 3–5 Min. ruhen lassen. Warm servieren.

**FÜR 4 PERSONEN**

# STEAK-BURRITOS
## MIT SCHWARZE-BOHNEN-SALSA

**ZUBEREITUNGSZEIT: 30 Min.**
**GRILLZEIT: 10–13 Min.**

### Für die Würzmischung
½ TL reines Chilipulver
½ TL gemahlene Kreuzkümmelsamen
½ TL grobes Meersalz
¼ TL frisch gemahlener schwarzer Pfeffer

1 Steak vom falschen Filet (Schulterfilet; etwa 450 g schwer und 2,5 cm dick), überschüssiges Fett und Sehnen entfernt
Olivenöl

### Für die Salsa
400 g reife Tomaten, fein gewürfelt
1 Dose (400 g) schwarze Bohnen, abgespült und abgetropft
4 EL grob gehackte frische Korianderblätter
2 EL Olivenöl
1 Frühlingszwiebel, in feine Scheiben geschnitten (ohne die dunkelgrünen Enden)
1 Chilischote (vorzugsweise Serrano oder Jalapeño), entkernt, fein gehackt
1 TL frisch gepresster Limettensaft
¼ TL gemahlene Kreuzkümmelsamen
¼ TL reines Chilipulver
Grobes Meersalz
Frisch gemahlener schwarzer Pfeffer

6 Weizenmehltortillas (ø 25 cm)
6 Romanasalatblätter, in Streifen geschnitten
125 g milder Cheddar (vorzugsweise kalifornischer Monterey Jack) oder Gouda, gerieben
200 g Schmand

1. Die Zutaten für die Würzmischung in einer kleinen Schüssel vermengen. Das Steak auf beiden Seiten dünn mit Öl bestreichen und gleichmäßig mit der Würzmischung einreiben. Vor dem Grillen 15–30 Min. Zimmertemperatur annehmen lassen.

2. Den Grill für direkte mittlere Hitze (175 bis 230 °C) vorbereiten (siehe Seite 10–11).

3. In einem großen Topf die Zutaten für die Salsa unter Rühren 2–4 Min. auf mittlerer Stufe erhitzen, bis die Bohnen warm sind und der Sud zu köcheln beginnt. Salzen und pfeffern.

4. Den Grillrost mit der Bürste reinigen. Das Steak über ***direkter mittlerer Hitze*** bei geschlossenen Deckel bis zum gewünschten Gargrad grillen (8–10 Min. für rosa/rot bzw. medium rare), dabei ein- bis zweimal wenden. Bei Flammenbildung das Fleisch vorübergehend über indirekte Hitze legen. Auf einem Schneidebrett 3–5 Min. ruhen lassen.

5. Inzwischen die Tortillas jeweils zylinderförmig aufrollen, in Alufolie einschlagen und 2–3 Min. über ***direkter mittlerer Hitze*** erwärmen. Die Päckchen dabei ab und zu drehen. Die Salsa erneut auf mittlerer Stufe erwärmen.

6. Das Steak längs halbieren und quer zur Faser in sehr dünne Scheiben schneiden. Tortillas auswickeln und auf einer Arbeitsfläche auslegen. Auf den unteren Hälften gleichmäßig Salsa verteilen, darauf Fleisch, Salat und Käse geben und etwas Schmand darüberlöffeln. Den unteren Rand der belegten Tortillahälfte zur Mitte falten, die Seiten einschlagen und die Tortillas so fest wie möglich aufrollen. Die Burritos warm servieren.

**FÜR 4–6 PERSONEN**

# FALSCHES FILET IN MISO-MARINADE

## MIT SHIITAKE-PILZEN

**ZUBEREITUNGSZEIT: 10 Min.**
**MARINIERZEIT: 1–2 Std.**
**GRILLZEIT: 6–8 Min.**
**ZUBEHÖR: Große Pfanne (ø 30 cm)**

### Für die Marinade

- 4 EL Miso (japanische Sojabohnenpaste; Asia-Laden)
- 4 EL Sake (japanischer Reiswein; Asia-Laden; ersatzweise helles Bier)
- 1 EL brauner Zucker
- 4 Knoblauchzehen, zerdrückt

- 4 Steaks vom falschen Filet (Schulterfilets; 175–225 g schwer und 2,5 cm dick), überschüssiges Fett und Sehnen entfernt

### Für die Pilze

- 2 EL Butter
- 2 EL Olivenöl
- 225 g Shiitake-Pilze, Stiele entfernt
- 4 große Knoblauchzehen, in feine Scheiben geschnitten
- ¼ TL grobes Meersalz
- 1 kräftige Prise frisch gemahlener schwarzer Pfeffer
- 1 TL Reisweinessig (Asia-Laden)

1. Die Zutaten für die Marinade zusammen mit 2 EL heißem Wasser in einer kleinen Schüssel verrühren. Die Steaks in eine Glas- oder Edelstahlschüssel legen und die Marinade darübergießen. Die Steaks darin wenden, bis sie von beiden Seiten mit Marinade überzogen sind. Abgedeckt 1–2 Std. in den Kühlschrank stellen, dabei das Fleisch ein- bis zweimal wenden.

2. Marinade abgießen. Die Steaks vor dem Grillen 15–30 Min. Zimmertemperatur annehmen lassen.

3. Den Grill für direkte mittlere Hitze (175–230 °C) vorbereiten (siehe Seite 10–11).

4. Den Grillrost mit der Bürste reinigen. Steaks über ***direkter mittlerer Hitze*** bei geschlossenem Deckel bis zum gewünschten Gargrad grillen (6–8 Min. für rosa/rot bzw. medium rare), dabei ein- bis zweimal wenden. Bei Flammenbildung vorübergehend über indirekte Hitze legen. Vom Grill nehmen und ruhen lassen. Inzwischen die Pilze zubereiten.

5. Butter und Öl in einer großen Pfanne auf hoher Stufe erhitzen. Pilze möglichst nebeneinander darin verteilen, sodass alle Kontakt mit dem Pfannenboden haben. Ohne zu wenden etwa 2 Min. braten. Umrühren, Knoblauch, Salz und Pfeffer zufügen und 2–3 Min. weiterbraten, dabei zwei- bis dreimal umrühren, bis die Pilze weich, aber noch bissfest sind. Zuletzt den Essig untermischen.

6. Die Steaks warm mit den Pilzen servieren. Dazu passt: Eingelegte Gurken (siehe Seite 123).

**FÜR 4 PERSONEN**

# RINDFLEISCHBRÖTCHEN
## MIT SÜSSER CHILISAUCE

**ZUBEREITUNGSZEIT:** 10 Min.
**GRILLZEIT:** 1 ¼–1 ½ Std.
**ZUBEHÖR:** große Einweg-Aluschale

### Für die Würzmischung

1 EL Chilipulver (Gewürzmischung)
1 TL grobes Meersalz
½ TL Knoblauchgranulat
½ TL Zwiebelgranulat

2–3 Steaks aus der Schulter (etwa 2,5 cm dick, insgesamt etwa 1 kg)
Olivenöl

### Für die Sauce

350 ml Chili-Ketchup (Fertigprodukt)
2 EL Melasse (Reformhaus)
2 EL Worcestersauce

6 Burger-Brötchen, längs halbiert

1. Die Zutaten für die Würzmischung in einer kleinen Schüssel vermengen. Die Steaks auf beiden Seiten dünn mit Öl bestreichen und gleichmäßig mit der Würzmischung einreiben. Vor dem Grillen 15–30 Min. Zimmertemperatur annehmen lassen.

2. Den Grill für direkte starke Hitze (230–290 °C) vorbereiten (siehe Seite 10–11).

3. Die Zutaten für die Sauce in einer mittelgroßen Schüssel glatt rühren.

4. Den Grillrost mit der Bürste reinigen. Die Steaks über ***direkter starker Hitze*** bei geschlossenem Deckel 6–7 Min. grillen, dabei ein- bis zweimal wenden. Die Steaks, wenn nötig leicht überlappend, in eine große Einweg-Aluschale legen und die Sauce darübergießen.

5. Die Grilltemperatur auf direkte und indirekte mittlere Hitze reduzieren (175–230 °C).

6. Die Aluschale über ***direkte mittlere Hitze*** stellen und die Sauce zum Köcheln bringen. Anschließend die Schale über ***indirekte mittlere Hitze*** ziehen, dicht mit Alufolie verschließen und das Fleisch bei geschlossenem Deckel 1–1½ Std. garen, bis es ganz zart ist. Bei Bedarf alle 30 Min. etwas Wasser zugießen, damit die Sauce nicht zu dick wird. Die Aluschale vom Grill nehmen und die Steaks etwa 5 Min. in der Sauce ruhen lassen. Herausnehmen, klein schneiden und zurück in die Sauce geben.

7. Die Brötchen mit den Schnittflächen nach unten über ***direkter mittlerer Hitze*** etwa 1 Min. rösten, bis sie deutliche Grillmuster haben. Das Fleisch auf den Brötchen anrichten und warm servieren.

**FÜR 4–6 PERSONEN**

# STEAK ONGLET
## MIT SPEZIALSAUCE

**ZUBEREITUNGSZEIT:** 20–30 Min.
**GRILLZEIT:** 10–14 Min.

### Für die Sauce
2 EL Olivenöl
1 große rote Zwiebel, fein gewürfelt
2 EL fein gehackte Schalotte
250 ml Rinderbrühe
60 ml Steaksauce (vorzugsweise A1)
60 ml Ketchup
¼ TL frisch gemahlener schwarzer Pfeffer

### Für die Würzmischung
1 TL grobes Meersalz
½ TL frisch gemahlener schwarzer Pfeffer
½ TL Knoblauchgranulat
½ TL Chilipulver (Gewürzmischung)

4 Onglet-Steaks (aus dem Nierenzapfen), je etwa 175–225 g schwer und 4–5 cm dick
Olivenöl

## TIPP!
Jedes Rind hat einen Nierenzapfen, der in der Regel 700–900 g wiegt und 4–5 cm dick ist. In seiner Mitte verläuft eine kräftige Sehne. Bitten Sie Ihren Metzger, die Sehne zu entfernen und aus dem Nierenzapfen vier gleich große Steaks zu schneiden. Sollten Sie den Nierenzapfen nur im Ganzen erhalten, muss die Sehne vor der Zubereitung entfernt werden. Das Fleisch dafür links und rechts entlang der Sehne abschneiden.

1. In einem mittelgroßen Topf das Öl auf mittlerer Stufe erhitzen. Zwiebeln und Schalotten darin in 5–8 Min. goldbraun braten, dabei gelegentlich umrühren, damit sie nicht anbrennen. Restliche Zutaten für die Sauce einfüllen und 5–10 Min. offen köcheln lassen, bis die Sauce auf etwa 250 ml reduziert ist. Vom Herd nehmen, 5 Min. abkühlen lassen, in der Küchenmaschine pürieren.

2. Die Zutaten für die Würzmischung in einer kleinen Schüssel vermengen. Die Steaks auf beiden Seiten dünn mit Öl bestreichen und gleichmäßig mit der Würzmischung einreiben. Vor dem Grillen 15–30 Min. Zimmertemperatur annehmen lassen.

3. Den Grill für direkte mittlere Hitze (175–230 °C) vorbereiten (siehe Seite 10–11).

4. Den Grillrost mit der Bürste reinigen. Die Steaks über ***direkter mittlerer Hitze*** bei geschlossenem Deckel bis zum gewünschten Gargrad grillen (10–14 Min. für rosa/rot bzw. medium rare), dabei ein- bis zweimal wenden. Bei Flammenbildung das Fleisch vorübergehend über indirekte Hitze legen. Vom Grill nehmen und 3–5 Min. ruhen lassen.

5. Die Steaks im Ganzen oder in dünne Scheiben geschnitten warm mit der Sauce servieren. Dazu passt: Gefüllte Kartoffeln (siehe Seite 119).

**FÜR 4 PERSONEN**

# STEAK ONGLET
## MIT KÄSESAUCE

**ZUBEREITUNGSZEIT: 30 Min.**
**GRILLZEIT: 10–14 Min.**

### Für die Steaks

4 Onglet-Steaks (aus dem Nierenzapfen; je etwa 175–225 g schwer und 4–5 cm dick; siehe Tipp S. 107)
2 TL Olivenöl
2 TL grobes Meersalz
¾ TL frisch gemahlener schwarzer Pfeffer

### Für die Sauce

1 EL Butter
2 EL fein gehackte Schalotten
60 ml trockener Weißwein
60 ml Rinderbrühe
1 TL Weißweinessig
225 g Greyerzer, gerieben
1 EL Speisestärke
1 EL Cognac oder Brandy
¾ TL gehackte frische Thymianblättchen
1 kräftige Prise frisch gemahlener schwarzer Pfeffer

4 Thymianzweige zum Garnieren (nach Belieben)

1. Den Grill für direkte mittlere Hitze (175–230 °C) vorbereiten (siehe Seite 10–11).

2. Die Steaks auf beiden Seiten dünn mit Öl bestreichen, gleichmäßig salzen und pfeffern. Vor dem Grillen 15–30 Min. Zimmertemperatur annehmen lassen.

3. Die Butter in einem mittelgroßen Topf bei mittlerer Hitze zerlassen. Die gehackten Schalotten hinzufügen und etwa 2 Min. in der Butter andünsten, dabei gelegentlich umrühren. Wein, Brühe und Essig angießen und auf starker Stufe einmal aufkochen. Den Schalottensud vom Herd nehmen und beiseitestellen.

4. Den Grillrost mit der Bürste reinigen. Die Steaks über ***direkter mittlerer Hitze*** bei geschlossenem Deckel bis zum gewünschten Gargrad grillen (10–14 Min. für rosa/rot bzw. medium rare), dabei

Die Käsesauce wird schön glatt, wenn immer nur eine kleine Portion Käse unter ständigem Rühren geschmolzen wird.

ein- bis zweimal wenden. Bei Flammenbildung das Fleisch vorübergehend über indirekte Hitze legen. Die Steaks vom Grill nehmen und ruhen lassen. Inzwischen die Sauce fertigstellen.

5. Käse und Speisestärke in einer mittelgroßen Schüssel vermischen. Den Schalottensud bei großer Hitze erneut aufkochen, anschließend bei kleiner Hitze unter ständigem Rühren nach und nach jeweils 1 kleine Handvoll Käse einstreuen. Den Käse immer erst vollständig schmelzen lassen, bevor neuer Käse zugegeben wird. Wenn der gesamte Käse verarbeitet ist, die Sauce unter Rühren noch einmal aufkochen. Cognac oder Brandy, Thymian und Pfeffer unterrühren und die Sauce vom Herd nehmen.

6. Die Steaks auf Tellern anrichten, mit der Sauce übergießen und nach Belieben mit jeweils 1 Thymianzweig garnieren. Warm servieren. Dazu passt: Gegrillter grüner Spargel (siehe Seite 112).

**FÜR 4 PERSONEN**

# Beilagen

ZUCCHINI
VEGETABLES
BELL PEPPERS
EGGPLANT
SQUASH
BRUSSELS SPROUTS
ASPARAGUS
TOMATO
CHERRY TOMATO
SWEET POTATO
ARTICHOKES
BEETS
ARUGULA
NEW POTATOES
VEGETABLES
ASPARAGUS
SQUASH
CORN
CARROTS
LEEKS
SHIITAKE
ZUCCHINI
GREEN BEANS
POBLANO
SWEET POTATOES
AVOCADO
BROCCOLI
PORTABELLO
POTATO
PEPPER
CUCUMBERS
RED ONIONS
PEAS
LEEK
HASS

## GEGRILLTER GRÜNER SPARGEL

**ZUBEREITUNGSZEIT: 5 Min.**
**GRILLZEIT: 6–8 Min.**

500 g grüner Spargel
2 EL Olivenöl
½ TL grobes Meersalz

1. Den Grill für direkte mittlere Hitze (175–230 °C) vorbereiten (siehe Seite 10–11).

2. Die holzigen Enden der Spargelstangen entfernen. Dafür die Stangen einzeln am unteren Ende behutsam umbiegen, bis sie im unteren Drittel brechen, wo der zarte Teil der Stangen beginnt. Nach Belieben die unteren Stangenhälften mit einem Sparschäler schälen.

3. Die Spargelstangen auf einer großen Platte auslegen. Mit dem Öl beträufeln und salzen. Die Stangen wenden, bis sie gleichmäßig von Öl und Salz überzogen sind.

4. Den Grillrost mit der Bürste reinigen. Die Spargelstangen im rechten Winkel zu den Streben auf den Rost legen und über ***direkter mittlerer Hitze*** bei geschlossenem Deckel 6–8 Min. grillen, dabei gelegentlich wenden, bis sie stellenweise gebräunt, aber nicht schwarz sind. Warm oder zimmerwarm servieren.

**FÜR 4 PERSONEN**

## GRÜNER SPARGEL MIT SHERRY-VINAIGRETTE UND SPECK

**ZUBEREITUNGSZEIT: 15 Min.**
**GRILLZEIT: 6–8 Min.**

4–6 Scheiben Räucherspeck
1 TL gehackte frische Thymianblättchen
½ TL fein gehackter Knoblauch
1 EL Sherry-Essig
¼ TL grobes Meersalz
¼ TL frisch gemahlener schwarzer Pfeffer
500 g grüner Spargel
½ kleine rote Zwiebel, quer in dünne Scheiben geschnitten

### TIPP!

Wählen Sie beim Einkauf feste Spargelstangen mit dunkelgrünen oder bläulichen Köpfen. Ausgetrocknete Enden deuten darauf hin, dass der Spargel nicht mehr frisch ist. Zum Grillen empfehlen sich dickere Stangen.

1. Den Grill für direkte mittlere Hitze (175–230 °C) vorbereiten (siehe Seite 10–11).

2. Die Speckscheiben nebeneinander in eine mittelgroße Pfanne legen. Bei mittlerer Hitze in 8–10 Min. knusprig braten, dabei ab und zu wenden. Aus der Pfanne nehmen und auf Küchenpapier abtropfen lassen.

3. Das ausgelassene Fett in der Pfanne bis auf 3 EL abgießen und bei mittlerer Hitze erneut heiß werden lassen. Sobald es leise zischt, Thymian und Knoblauch etwa 10 Sek. darin braten. Essig, Salz und Pfeffer zugeben und alles zu einer Vinaigrette verrühren. Die Pfanne vom Herd nehmen.

4. Die holzigen Enden der Spargelstangen entfernen. Dafür die Stangen einzeln am unteren Ende behutsam umbiegen, bis sie im unteren Drittel brechen, wo der zarte Teil der Stangen beginnt. Nach Belieben die unteren Stangenhälften mit einem Sparschäler schälen. Die Spargelstangen auf einer großen Platte auslegen. Mit der Vinaigrette beträufeln und die Stangen wenden, bis sie gleichmäßig damit überzogen sind. Die abgetropften Speckscheiben zerkrümeln.

5. Den Grillrost mit der Bürste reinigen. Den Spargel über ***direkter mittlerer Hitze*** bei geschlossenem Deckel 6–8 Min. grillen, dabei gelegentlich wenden, bis die Stangen stellenweise gebräunt, aber nicht schwarz sind. Auf einer Servierplatte anrichten, mit dem Speck bestreuen und mit Zwiebelscheiben garnieren. Warm oder zimmerwarm servieren.

**FÜR 4 PERSONEN**

# Beilagen

## AUBERGINEN MIT WÜRZIGEM ASIA-DRESSING

**ZUBEREITUNGSZEIT:** 10 Min.
**GRILLZEIT:** 8–10 Min.

### Für das Dressing

1–2 Chilischoten (vorzugsweise Serrano), entkernt, fein gehackt
3 EL Sojasauce
2 EL frisch gepresster Zitronensaft
2 EL fein gewürfelte Zwiebel

2 Auberginen (je etwa 350 g)
Öl
1 TL Knoblauchgranulat

1. Den Grill für direkte mittlere Hitze (175–230 °C) vorbereiten (siehe Seite 10–11).

2. In einer kleinen Glas- oder Edelstahlschüssel die Zutaten für das Dressing mit 1 EL Wasser verrühren. Auberginen quer in 1 cm dicke Scheiben schneiden. Auf beiden Seiten großzügig mit Öl bestreichen, mit Knoblauchgranulat bestreuen.

3. Den Grillrost mit der Bürste reinigen. Auberginen über ***direkter mittlerer Hitze*** bei geschlossenem Deckel 8–10 Min. grillen, bis sie weich sind und deutliche Grillmuster zeigen. Auf einer großen Platte anrichten, mit dem Dressing beträufeln und warm servieren.

**FÜR 4 PERSONEN**

## KÜRBIS MIT BUTTER-KNOBLAUCH-GLASUR

**ZUBEREITUNGSZEIT:** 10 Min.
**GRILLZEIT:** 40–60 Min.

### Für die Glasur

3 EL Butter
2 EL Vollrohrrohzucker
2 TL fein gehackter Knoblauch
1 TL grobes Meersalz
¼ TL frisch gemahlener schwarzer Pfeffer
¼ TL frisch geriebene Muskatnuss
1 EL Apfelweinessig

2 kleine Eichelkürbisse (je etwa 650 g)

1. In einem kleinen Topf alle Zutaten für die Glasur außer dem Essig bei großer Hitze aufkochen und unter gelegentlichem Rühren 2–3 Min. kochen lassen. Vom Herd nehmen und auf Zimmertemperatur abkühlen lassen.

2. Den Grill für indirekte starke Hitze (230 bis 290 °C) vorbereiten (siehe Seite 10–11).

3. Kürbisse längs halbieren, Kerne und faseriges Innere herausschaben. Den Essig unter die Glasur rühren und das Kürbisfruchtfleisch mit der Glasur bestreichen. Den Grillrost mit der Bürste reinigen. Die Kürbishälften mit der Schale nach unten über ***indirekter starker Hitze*** bei geschlossenem Deckel 40–60 Min. grillen, bis das Fruchtfleisch weich ist. Gelegentlich mit der Glasur, die sich in den Kürbishälften angesammelt hat, bestreichen. Auf einer Platte anrichten und warm servieren.

**FÜR 4 PERSONEN**

## ARTISCHOCKENHERZEN MIT OREGANO UND SALZ

**ZUBEREITUNGSZEIT: 30 Min.**
**GRILLZEIT: 4–6 Min.**

4 große Artischocken (je etwa 300 g)
Saft von 1 Zitrone
1 EL Olivenöl
½ TL getrockneter Oregano
¼ TL Knoblauchgranulat
¼ TL grobes Meersalz
125 g Butter, zerlassen

1. In einem großen Topf reichlich Wasser zum Kochen bringen.

2. Die Stängel der Artischocken auf etwa 1 cm einkürzen. Die dunklen Außenblätter entfernen, bis die gelblich-grünen Blätter freiliegen. Die Artischocken auf die Seite legen und die obere Hälfte abschneiden, sodass nur die Artischockenherzen (die fleischigen Blütenböden) übrig bleiben. Diese längs durch den Stängel halbieren und rasch in eine große Glas- oder Edelstahlschüssel mit Wasser und dem Zitronensaft legen (er verhindert, dass die Artischocken dunkel anlaufen).

3. Die Artischocken einzeln aus dem Zitronenwasser nehmen. Mit einem Teelöffel das flaumige Heu aus den Hälften kratzen und mit einem kleinen Messer die Außenseite der Böden glatt schneiden. Die Artischockenherzen in kochendem Salzwasser 10–12 Min. garen – sie sollten sich leicht mit einem Messer einstechen lassen, aber nicht so weich sein, dass sie später auf dem Grill zerfallen. In ein Sieb abgießen, abtropfen lassen und noch warm in einer großen Schüssel behutsam mit Öl, Oregano, Knoblauchgranulat und Salz vermischen. (Die Artischocken können ab jetzt bis zu 4 Std. im Kühlschrank aufbewahrt werden. Vor dem Grillen Zimmertemperatur annehmen lassen.)

4. Den Grill für direkte mittlere Hitze (175–230 °C) vorbereiten (siehe Seite 10–11).

5. Den Grillrost mit der Bürste reinigen. Die Artischockenherzen über ***direkter mittlerer Hitze*** bei geschlossenem Deckel 4–6 Min. grillen, dabei einmal wenden, bis sie warm und gut gebräunt sind. Sofort mit der zerlassenen Butter servieren.

**FÜR 4 PERSONEN**

## BUTTERWEICHE ZWIEBELN VOM HOLZKOHLEGRILL

**ZUBEREITUNGSZEIT: 25 Min.**
**GRILLZEIT: 1¼–1¾ Std., nur für den Holzkohlegrill geeignet**
**ZUBEHÖR: große Einweg-Aluschale**

6 große Zwiebeln (je etwa 250–300 g)
60 g Butter
½ TL grobes Meersalz
¼ TL frisch gemahlener schwarzer Pfeffer
1 TL Sherry-Essig
1 EL fein gehackte frische glatte Petersilienblätter

1. Einen Anzündkamin bis zum Rand mit Holzkohlebriketts füllen und die Briketts vorglühen, bis sie von einer feinen Ascheschicht überzogen sind. Die glühende Kohle nebeneinander dicht an dicht auf einer Hälfte des Kohlerosts verteilen und auf mittlere Hitze (175–230 °C) herunterbrennen lassen. Alle Lüftungsschieber geöffnet lassen.

2. Die ungeschälten Zwiebeln so auf die freie Hälfte des Kohlerost legen, dass sie der Glut zugewandt sind. Den Deckel schließen und die Zwiebeln in 1–1½ Std. sehr weich garen. Die Zwiebeln in dieser Zeit gelegentlich umplatzieren und dabei bereits verkohlte Stellen an den Schalen von der Glut abwenden. Die Zwiebeln sind fertig, wenn sie an mehreren Stellen schwarz sind und sich ein scharfes Messer mühelos in das Fruchtfleisch hineinschieben und wieder herausziehen lässt. Manche Zwiebeln müssen eventuell länger garen als andere.

3. Um die Zwiebeln bei mittlerer Hitze fertig zu grillen, Holzkohle nachlegen.

4. Die Zwiebeln vom Grill nehmen und vollständig abkühlen lassen. Dann vorsichtig schälen, dabei nicht die Wurzelenden beschädigen, da sie die Zwiebelschichten zusammenhalten. Anschließend jede Zwiebel längs durch Stielansatz und Wurzelende halbieren.

5. Wenn die erforderliche Hitze wieder erreicht ist, den Grillrost einsetzen. In einer großen Aluschale die Butter über ***direkter mittlerer Hitze*** zerlassen. Die Zwiebelhälften vorsichtig nebeneinander in die Schale setzen und mit Salz und Pfeffer würzen. Mit einer Grillzange in der zerlassenen Butter wenden.

6. Die Aluschale über ***indirekte mittlere Hitze*** stellen und die Zwiebeln bei geschlossenem Deckel 10–15 Min. weitergaren, dabei ein- bis zweimal behutsam wenden, bis sie zu bräunen beginnen. Sollten Sie die Zwiebeln nicht gleich servieren, die Schale mit Alufolie abdecken und die Zwiebeln bis zu 30 Min. über indirekter Hitze warm halten. Die Aluschale mit Grillhandschuhen vom Rost nehmen, die Zwiebeln mit Sherry-Essig beträufeln, mit Petersilie bestreuen und warm servieren.

**FÜR 4–6 PERSONEN**

## GEGRILLTE MÖHREN

**ZUBEREITUNGSZEIT: 10 Min.**
**GRILLZEIT: etwa 5 Min.**

8 mittelgroße junge Möhren,
(je etwa 15–20 cm lang und
an der Wurzel 2,5 cm dick)
60 g Butter
½ TL Rotweinessig
¼ TL frisch geriebene Muskatnuss
½ TL grobes Meersalz
¼ TL frisch gemahlener schwarzer Pfeffer
1 TL fein gehackte frische glatte
Petersilienblätter (nach Belieben)

1. Die Möhren putzen, schälen und in kochendem Wasser 5 Min. vorgaren. In ein Sieb abgießen und unter fließendem kaltem Wasser mind. 10 Sek. abschrecken.

2. Den Grill für direkte starke Hitze (230–290 °C) vorbereiten (siehe Seite 10–11).

3. Möhren auf eine Arbeitsfläche legen. Die Butter zusammen mit Essig und Muskat in einem kleinen Topf bei mittlerer Hitze zerlassen. Die Möhren mit etwa der Hälfte der Buttermischung bepinseln und mit der Hälfte des Salzes und Pfeffers würzen.

4. Den Grillrost mit der Bürste reinigen. Die Möhren über ***direkter starker Hitze*** bei geöffnetem Deckel knapp 5 Min. grillen, bis sie stellenweise gebräunt sind, dabei gelegentlich wenden. Auf einer Servierplatte anrichten, mit der übrigen Butter bestreichen und mit dem restlichen Salz und Pfeffer würzen. Nach Belieben mit Petersilie bestreuen und warm servieren.

**FÜR 4 PERSONEN**

# Beilagen

## GLASIERTE SÜSSKARTOFFELN

**ZUBEREITUNGSZEIT: 10 Min.**
**GRILLZEIT: 15–20 Min.**

### Für die Glasur

Abgeriebene Schale von 2 Bio-Limetten
60 ml frisch gepresster Limettensaft
60 ml Rapsöl
2 EL Honig
½ TL grobes Meersalz
¼ TL frisch gemahlener schwarzer Pfeffer

2 große Süßkartoffeln (etwa 1 kg)

1. Den Grill für direkte mittlere Hitze (175–230 °C) vorbereiten (siehe Seite 10–11).

2. In einer kleinen Glas- oder Edelstahlschüssel die Zutaten für die Glasur verrühren. Die Süßkartoffeln schälen, die Enden entfernen und die Kartoffeln in 1 cm dicke Scheiben schneiden. Auf beiden Seiten mit der Glasur bestreichen.

3. Den Grillrost mit der Bürste reinigen. Süßkartoffeln über ***direkter mittlerer Hitze*** bei geschlossenem Deckel 15–20 Min. grillen, bis sie sich mühelos mit einem Messer einstechen lassen. Dabei die Scheiben etwa alle 5 Min. wenden und erneut mit Glasur bepinseln. Vom Rost nehmen, anrichten und warm servieren.

**FÜR 4–6 PERSONEN**

## SÜSSKARTOFFELPÜREE MIT ZWIEBELN

**ZUBEREITUNGSZEIT: 10 Min.**
**GRILLZEIT: etwa 1¼ Std.**

4 große Süßkartoffeln (etwa 2 kg), gewaschen und abgebürstet
1 große Zwiebel, quer in 1 cm dicke Scheiben geschnitten
Olivenöl
Grobes Meersalz
Frisch gemahlener schwarzer Pfeffer
60 g weiche Butter

1. Den Grill für direkte und indirekte mittlere Hitze (175–230 °C) vorbereiten (siehe Seite 10–11).

2. Den Grillrost mit der Bürste reinigen. Süßkartoffeln mit Schale über ***indirekter mittlerer Hitze*** bei geschlossenem Deckel etwa 1 Std. grillen, bis sie sich mühelos mit einer Gabel einstechen lassen, dabei drei- bis viermal wenden. Auf Handwärme abkühlen lassen, längs halbieren und die Schale abziehen. Die Kartoffeln in eine Schüssel geben und mit Alufolie abdecken.

3. Die Zwiebelscheiben mit Öl einpinseln, salzen und pfeffern. Über ***direkter mittlerer Hitze*** bei geschlossenem Deckel 10–12 Min. grillen, dabei einmal wenden. Etwas abkühlen lassen und in 5 mm große Würfel schneiden.

4. Mit einem Kartoffelstampfer die Süßkartoffeln mit der Butter zu Püree verarbeiten. Die Zwiebelstücke unterziehen und das Püree warm servieren.

**FÜR 8–10 PERSONEN**

## GEFÜLLTE KARTOFFELN

**ZUBEREITUNGSZEIT:** **15 Min.**
**GRILLZEIT:** **40–45 Min.**

4 große festkochende Kartoffeln (je etwa 250 g), Schale gewaschen, längs halbiert
Öl

### Für die Füllung

200 g Schmand
75 g gekochter Schinken, fein gewürfelt
150 g Greyerzer, gerieben
2 TL Dijon-Senf (nach Belieben auch mehr)
Grobes Meersalz
Frisch gemahlener schwarzer Pfeffer

1. Den Grill für direkte mittlere Hitze (175–230 °C) vorbereiten (siehe Seite 10–11).

2. Kartoffelhälften in etwas Öl wenden, sodass sie rundherum dünn davon überzogen sind. Den Grillrost mit der Bürste reinigen. Die Kartoffeln über ***direkter mittlerer Hitze*** bei geschlossenem Deckel in 30–35 Min. weich grillen, bis sie sich mühelos mit einer Gabel einstechen lassen, dabei die Hälften drei- bis viermal wenden. Vom Rost nehmen und auf Handwärme abkühlen lassen.

3. Das Kartoffelinnere mit einem kleinen scharfen Messer 5 mm von den Rändern der Schnittfläche entfernt rundherum einschneiden. Die Hälften mit einem kleinen Löffel oder Melonenausstecher so aushöhlen, dass nur die dicken Kartoffelschalen übrig bleiben. Die Kartoffelmasse in eine große Schüssel füllen, die ausgehöhlten Kartoffelschalen auf einem Teller beiseitestellen.

4. Die Kartoffelmasse in der Schüssel mit einem Kartoffelstampfer zu Püree verarbeiten. Mit dem Schmand vermengen, dann die Schinkenwürfel, die Hälfte des Käses und den Senf untermischen. Die Masse salzen und pfeffern, nach Belieben mit weiterem Senf abrunden und gleichmäßig in die Kartoffelschalen füllen, dabei leicht anhäufen. Restlichen Käse darüberbestreuen.

5. Gefüllte Kartoffeln über ***direkter mittlerer Hitze*** bei geschlossenem Deckel etwa 10 Min. grillen, bis der Käse geschmolzen und die Füllung heiß ist. Sofort servieren.

**FÜR 8 PERSONEN**

## MAISKOLBEN MIT BASILIKUM-PARMESAN-BUTTER

**ZUBEREITUNGSZEIT: 10 Min.**
**GRILLZEIT: 10–15 Min.**

### Für die Butter

60 g weiche Butter
4 EL frisch geriebener Parmesan
2 EL fein gehackte frische Basilikumblätter
½ TL grobes Meersalz
¼ TL frisch gemahlener schwarzer Pfeffer
¼ TL Knoblauchgranulat

4 frische Maiskolben, Hüllblätter entfernt

1. Den Grill für direkte mittlere Hitze (175–230 °C) vorbereiten (siehe Seite 10–11).

2. Die Zutaten für die Butter in einer kleinen Schüssel mit einer Gabel zerdrücken und alles gut verrühren.

3. Maiskolben mit jeweils 1 EL der würzigen Butter rundherum bestreichen. Den Grillrost mit der Bürste reinigen. Mais über ***direkter mittlerer Hitze*** bei geschlossenem Deckel 10–15 Min. grillen, bis die Körner weich und stellenweise goldbraun sind, dabei die Kolben ab und zu wenden. Vom Rost nehmen, mit der übrigen Butter bestreichen und warm servieren.

**FÜR 4 PERSONEN**

## MAISKOLBEN NACH CAJUN-ART MIT LOUISIANA-BUTTER

**ZUBEREITUNGSZEIT: 15 Min.**
**GRILLZEIT: 25–30 Min.**

### Für die Butter

1 TL Paprikapulver
½ TL Zwiebelpulver
½ TL grobes Meersalz
½ TL getrockneter Thymian
¼ TL getrockneter Oregano
1 Prise Cayennepfeffer
60 g weiche Butter

4 frische Maiskolben mit Hüllblättern

1. Den Grill für direkte mittlere Hitze (175–230 °C) vorbereiten (siehe Seite 10–11).

2. Die Gewürze mit der Butter verrühren, bis sie gleichmäßig verteilt sind.

3. Hüllblätter der Maiskolben nach hinten ziehen, aber nicht abreißen. Die feinen Fäden entfernen. Die Maiskolben mit je 1 EL Butter bestreichen. Die Hüllblätter wieder nach oben schlagen und an der Spitze mit Küchengarn oder dünnen Blattstreifen zusammenbinden.

4. Den Grillrost mit der Bürste reinigen. Maiskolben über ***direkter mittlerer Hitze*** bei geschlossenem Deckel 25–30 Min. grillen, bis die Körner weich sind, dabei drei- bis viermal wenden. Die Blätter dürfen dunkelbraun bis schwarz werden. Vom Grill nehmen, die Blätter nach hinten ziehen, abschneiden und die Kolben warm servieren.

**FÜR 4 PERSONEN**

## KNACKIGER SOMMERSALAT VON MAIS UND TOMATEN

**ZUBEREITUNGSZEIT: 10 Min.**

2 TL Sherry-Essig
1 EL fein gehackte Schallote
½ TL Dijon-Senf
½ TL grobes Meersalz
¼ TL frisch gemahlener schwarzer Pfeffer
2 EL Olivenöl
2 frische Maiskolben, Hüllblätter entfernt
100 g Kirschtomaten, geviertelt
4 EL fein gehackte frische Basilikumblätter

1. In einer mittelgroßen Glas- oder Edelstahlschüssel Essig, Schalotte, Senf, Salz und Pfeffer verrühren, anschließend langsam das Öl unterschlagen.

2. Maiskolben in einen großen Topf mit kochendem Salzwasser legen. Den Herd abschalten und den Mais zugedeckt in 4–5 Min. bissfest garen. Herausnehmen und abkühlen lassen. Die Körner von den Kolben schneiden und mit Tomaten und Basilikum unter die Vinaigrette mischen.

**FÜR 4 PERSONEN**

## MAIS-BOHNEN-SALAT

**ZUBEREITUNGSZEIT: 15 Min.**
**GRILLZEIT: 10–15 Min.**

3 frische Maiskolben, Hüllblätter entfernt
Olivenöl
Grobes Meersalz
2 Dosen (je 400 g) schwarze Bohnen, abgespült und abgetropft
300 g reife Tomaten, grob gewürfelt
50 g Stangensellerie, fein gewürfelt
2 EL fein gehackte frische Korianderblätter

### Für das Dressing

3 EL Olivenöl
Fein abgeriebene Schale und Saft von 1 Bio-Limette
1 TL fein gehackter Knoblauch
½ TL gemahlener Kreuzkümmel
½ TL grobes Meersalz
¼ TL frisch gemahlener schwarzer Pfeffer

1. Den Grill für direkte mittlere Hitze (175–230 °C) vorbereiten (siehe Seite 10–11).

2. Den Mais rundherum dünn mit Öl bestreichen und salzen. Den Grillrost mit der Bürste reinigen. Mais über ***direkter mittlerer Hitze*** bei geschlossenem Deckel 10–15 Min. grillen, bis er weich und stellenweise braun ist. Dabei ab und zu wenden.

3. Die Maiskörner von den Kolben schneiden, Kolben wegwerfen. Mais, Bohnen, Tomaten, Sellerie und Koriander in eine Schüssel füllen.

4. Die Dressingzutaten verrühren, den Salat damit anmachen und zimmerwarm servieren.

**FÜR 6–8 PERSONEN**

## GRIECHISCHER REISNUDEL-SALAT MIT GRILLGEMÜSE

**ZUBEREITUNGSZEIT:** etwa 30 Min.
**GRILLZEIT:** 12–15 Min.

225 g griechische Reisnudeln (Orzo oder Kritharaki)
6 EL Olivenöl
2 EL Aceto balsamico
2 TL fein gehackter Knoblauch
2 TL Dijon-Senf
Grobes Meersalz
Frisch gemahlener schwarzer Pfeffer
2 Maiskolben, Hüllblätter entfernt
2 mittelgroße Zucchini, längs halbiert
1 mittelgroße rote Paprikaschote, geviertelt
250 g Datteltomaten oder kleine Kirschtomaten
125 g Feta, zerbröckelt
4 EL grob gehackte frische glatte Petersilien- oder Basilikumblätter

1. Den Grill für direkte mittlere Hitze (175–230 °C) vorbereiten (siehe Seite 10–11).

2. Die Nudeln nach Packungsanweisung garen, in ein Sieb abgießen und in einer großen Glas- oder Edelstahlschüssel beiseitestellen.

3. In einer kleinen Glas- oder Edelstahlschüssel Öl, Essig, Knoblauch, Senf, 1 TL Salz und 1 TL Pfeffer verrühren. Mais, Zucchini und Paprika mit etwa der Hälfte der Ölmischung rundherum bestreichen. Die andere Hälfte als Salatdressing beiseitestellen.

4. Den Grillrost mit der Bürste reinigen. Das Gemüse über ***direkter mittlerer Hitze*** bei geschlossenem Deckel grillen, bis es leicht gebräunt und weich, aber noch bissfest ist. Der Mais benötigt 12–15 Min., Zucchini und Paprika 4–6 Min. Das Gemüse vom Grill nehmen und abkühlen lassen.

5. Maiskörner vom Kolben schneiden und in die Schüssel zu den Nudeln geben. Mit einem Messerrücken den Saft aus den Kolben pressen und in die Schüssel tropfen lassen. Von Paprika und Zucchini eventuell sehr dunkle Stellen wegschneiden, anschließend das Gemüse quer in 1,5 cm große Stücke schneiden. In die Schüssel füllen. Tomaten halbieren oder vierteln und mit dem Feta und den frischen Kräutern ebenfalls in die Schüssel geben. Dressing kurz aufschlagen und nach Geschmack den Nudelsalat damit anmachen. Behutsam durchmischen und mit Salz und Pfeffer würzen. Reisnudelsalat zimmerwarm servieren.

**FÜR 8 PERSONEN**

## COUSCOUS-SALAT

**ZUBEREITUNGSZEIT: 30 Min.**

250 g Instant-Couscous
50 g Rosinen
500 ml Hühnerbrühe
4 EL in dünne Scheiben geschnittene Frühlingszwiebeln (ohne die dunklen Enden)
3 EL fein gehackte frische glatte Petersilienblätter
2 EL fein gehackte frische Minzeblätter
2 EL Olivenöl
2 EL frisch gepresster Zitronensaft
½ TL grobes Meersalz
¼ TL frisch gemahlener schwarzer Pfeffer

1. Couscous und Rosinen in einem großen Topf vermengen. Die Brühe in einem separaten Topf zum Kochen bringen und den Couscous damit übergießen. Behutsam umrühren und 20 Min. quellen lassen.

2. Die übrigen Zutaten in einer kleinen Schüssel vermischen. Mit einer Gabel unter den Couscous ziehen und diesen dabei gleichzeitig auflockern. Warm servieren.

**FÜR 4 PERSONEN**

## EINGELEGTE GURKEN

**ZUBEREITUNGSZEIT: 10 Min.**
**EINLEGEZEIT: etwa 2 Std.**

60 ml Reisweinessig (Asia-Laden)
1 EL frisch gepresster Zitronensaft
1 EL Zucker
1 TL grobes Meersalz
2 schlanke japanische Kurigurken (Asia-Laden; je etwa 150 g; ersatzweise Minigurken)

1. Essig, Zitronensaft, Zucker und Salz in einer mittelgroßen Glas- oder Edelstahlschüssel verrühren, bis sich Zucker und Salz aufgelöst haben. 60 ml Wasser einrühren.

2. Die Gurken in 5 mm dicke und 7,5 cm lange Stifte (oder auch in eine beliebige andere Form) schneiden. In die Essigmischung geben und bei Zimmertemperatur 2 Std. ziehen lassen, dabei mehrmals durchmischen. Vor dem Servieren in ein Sieb abgießen und in einer mittelgroßen Schüssel anrichten.

**FÜR 4–6 PERSONEN**

## MAISBROT AUS DER PFANNE MIT SPECK UND SCHNITTLAUCH

**ZUBEREITUNGSZEIT:** 20 Min.
**GRILLZEIT:** 20–30 Min.
**ZUBEHÖR:** ofenfeste beschichtete Pfanne (ø 26 cm)

4 Scheiben Räucherspeck
225 g gelbes Maismehl
175 g Weizenmehl
100 g Zucker
1 TL Backpulver
1 TL Küchennatron
1 TL grobes Meersalz
¼ TL frisch gemahlener schwarzer Pfeffer
¼ TL Cayennepfeffer
2 EL frische Schnittlauchröllchen
3 Eier (Größe L)
250 ml Milch
4 EL Schmand

1. Speck in der ofenfesten Pfanne bei mittlerer Hitze in 10–12 Min. knusprig braten, ab und zu wenden. Herausnehmen und auf Küchenpapier abtropfen lassen. Das ausgelassene Fett in der Pfanne bis auf 2 EL weggießen.

2. Den Grill für indirekte mittlere Hitze (175 bis 230 °C) vorbereiten (siehe Seite 10–11).

3. In einer großen Schüssel die beiden Mehlsorten mit Zucker, Backpulver, Natron, Salz, Pfeffer und Cayennepfeffer vermischen. Den gebratenen Speck fein zerkrümeln. Speck und Schnittlauchröllchen unter die Mehlmischung mengen. Die Eier in einer zweiten großen Schüssel mit Milch und Schmand verquirlen. Die Eiermilch in die Schüssel zum Mehl gießen und alles mit einem Holzlöffel zu einem glatten Teig rühren.

4. Den Teig in der ofenfesten Pfanne gleichmäßig verteilen. Den Grillrost mit der Bürste reinigen. Pfanne über ***indirekte mittlere Hitze*** stellen und das Brot bei geschlossenem Deckel 20–30 Min. backen, bis es an den Rändern goldbraun ist und ein eingestochener Holzzahnstocher sauber wieder herauskommt. Die Pfanne in dieser Zeit ab und zu auf dem Rost drehen, damit das Brot gleichmäßig gart. Vom Grill nehmen, das Brot in der Pfanne vollständig abkühlen lassen. Brot auf ein Schneidebrett stürzen, in 8 Stücke schneiden und zimmerwarm servieren.

**FÜR 8 PERSONEN**

## KNOBLAUCHBROT VOM GRILL

**ZUBEREITUNGSZEIT: 10 Min.**
**GRILLZEIT: 1–2 Min.**

### Für die Würzbutter

125 g weiche Butter
1 EL fein gehackter Knoblauch
½ TL grobes Meersalz
½ TL Paprikapulver

1 italienisches oder französisches Weißbrot, längs halbiert

1 EL fein gehackte frische glatte Petersilienblätter

1. Den Grill für direkte mittlere Hitze (175–230 °C) vorbereiten (siehe Seite 10–11).

2. Die Zutaten für die Butter in einer mittelgroßen Schüssel verkneten, gleichmäßig auf den Schnittflächen des Weißbrots verstreichen.

3. Den Grillrost mit der Bürste reinigen. Brothälften mit den Schnittflächen nach unten über ***direkter mittlerer Hitze*** bei geöffnetem Deckel 1–2 Min. rösten. Vom Grill nehmen und quer in 5 cm dicke Stücke schneiden. Vor dem Servieren mit Petersilie bestreuen.

**FÜR 6–8 PERSONEN**

## BAKED BEANS

**ZUBEREITUNGSZEIT: 15 Min.**
**GRILLZEIT: 25–28 Min.**
**ZUBEHÖR: großer ofenfester Topf**

125 g Räucherspeck, in 1 cm große Stücke geschnitten
1 Zwiebel, fein gewürfelt
2 TL fein gehackter Knoblauch
¼ TL zerstoßene Chiliflocken
2 Dosen (je etwa 400 g) Baked beans (gebackene Bohnen in Tomatensauce)
60 ml Ketchup
2 TL Worcestersauce
½ TL Chilipulver (Gewürzmischung)
Grobes Meersalz
Frisch gemahlener schwarzer Pfeffer

1. Den Grill für direkte mittlere Hitze (175–230 °C) vorbereiten (siehe Seite 10–11).

2. Einen ofenfesten Topf über ***direkte mittlere Hitze*** stellen. Den Speck darin unter gelegentlichem Rühren in 8–10 Min. knusprig braten, dabei den Deckel möglichst oft geschlossen halten. Die Zwiebel zufügen und 2–3 Min. anschwitzen, ab und zu umrühren. Knoblauch und Chiliflocken 30 Sek. mitgaren, dann die Bohnen mit ihrer Sauce, Ketchup, Worcestersauce und Chilipulver hinzufügen. Alles zum Köcheln bringen, ab und zu durchrühren.

3. Die Temperatur im Grill auf niedrige Hitze (120–175 °C) reduzieren. Bohnen über ***direkter niedriger Hitze*** bei geschlossenem Deckel weitere 15 Min. köcheln lassen, dabei ab und zu durchrühren, damit nichts ansetzt. Mit Salz und Pfeffer abschmecken und warm servieren.

**FÜR 4–6 PERSONEN**

# Würzmischungen

Diese Kombinationen aus Gewürzen, Kräutern und anderen aromatischen Zutaten (darunter oft auch Zucker) aromatisieren das Grillgut vor der Zubereitung. Auf den folgenden Seiten finden Sie verschiedene Würzmischungen, die speziell Steaks einen ganz besonderen Geschmack verleihen.

## WIE LANGE EINWIRKEN LASSEN?

Lässt man eine Würzmischung für längere Zeit auf dem Fleisch, mischen sich die Gewürze mit dem Fleischsaft. Auf dem Grill bilden sich daraus noch ausgeprägtere Aromen und eine Kruste. Eine Würzmischung mit reichlich Salz und Zucker entzieht dem Fleisch jedoch mit der Zeit Flüssigkeit: Es wird zwar aromatischer, aber auch trockener. Wie lange sollte eine Würzmischung also einwirken? Hier einige Richtwerte:

| | |
|---|---|
| **BIS ZU 15 MIN.** | Fleischwürfel für Spieße |
| **15–30 MIN.** | Steaks |
| **30–90 MIN.** | Braten |
| **2–8 STD.** | Große oder robustere Fleischstücke |

## FRISCHE IM GEWÜRZREGAL

Gemahlene Gewürze verlieren nach acht bis zehn Monaten ihre Aromen. Wartet also der Koriander in seinem Gläschen im Gewürzregal schon Jahre darauf, irgendwann einmal in einem Currypulver der Spitzenklasse mitzumischen, werfen Sie ihn lieber weg und kaufen Sie neuen. Besser noch: Kaufen Sie ganze Samen und mahlen Sie sie selbst. Alle Gewürze gehören, ob ganz oder gemahlen, in luftdichte, lichtgeschützte Behälter, damit sie ihre Aromafrische möglichst lange bewahren.

## WÜRZMISCHUNGEN FÜR STEAKS

### Rindfleisch-Gewürz

**ERGIBT:** etwa 4 EL

4 TL grobes Meersalz
1 EL reines Chilipulver
1 EL Zwiebelgranulat
1½ TL Knoblauchgranulat
1 TL Paprikapulver
1 TL getrockneter Majoran
½ TL gemahlene Kreuzkümmelsamen
½ TL frisch gemahlener schwarzer Pfeffer
¼ TL gemahlener Zimt

## Klassisches Barbecue-Gewürz

**ERGIBT:** etwa 4 EL

4 TL grobes Meersalz
2 TL reines Chilipulver
2 TL Vollrohrzucker
2 TL Knoblauchgranulat
2 TL Paprikapulver
1 TL Selleriesamen
1 TL gemahlene Kreuzkümmelsamen
½ TL frisch gemahlener schwarzer Pfeffer

## Mexikanische Würzmischung

**ERGIBT:** etwa 4 EL

1 EL gemahlene Kreuzkümmelsamen
1 EL brauner Zucker
2 TL grobes Meersalz
1 TL reines Chilipulver
1 TL gemahlene Koriandersamen
1 TL getrockneter Oregano

## Asiatische Würzmischung

**ERGIBT:** etwa 4 EL

2 EL Paprikapulver
2 TL grobes Meersalz
2 TL gemahlene Koriandersamen
2 TL chinesisches Fünf-Gewürze-Pulver
1 TL gemahlener Ingwer
½ TL gemahlener Piment
½ TL Cayennepfeffer

## Pfeffer-Würzmischung

**ERGIBT:** 1½ EL
**ZUBEHÖR:** Gewürzmühle oder Mörser

1 TL ganze schwarze Pfefferkörner
1 TL Senfkörner
1 TL Paprikapulver
½ TL Knoblauchgranulat
½ TL grobes Meersalz
½ TL Vollrohrzucker
½ TL Cayennepfeffer

Die Pfeffer- und Senfkörner in einer Gewürzmühle grob mahlen oder im Mörser grob zerstoßen. In einer kleinen Schüssel mit den restlichen Zutaten vermischen.

## Eins-A-Gewürz

**ERGIBT:** 2 EL

1 TL Senfpulver
1 TL Zwiebelgranulat
1 TL Paprikapulver
1 TL grobes Meersalz
½ TL Knoblauchgranulat
½ TL gemahlene Koriandersamen
½ TL gemahlene Kreuzkümmelsamen
½ TL frisch gemahlener schwarzer Pfeffer

# Würzmischungen

## Arizona-Würzmischung

**ERGIBT:** **etwa 4 EL**

- 2 TL reines Chilipulver
- 2 TL Knoblauchgranulat
- 2 TL Paprikapulver
- 2 TL grobes Meersalz
- 1 TL gemahlene Koriandersamen
- 1 TL gemahlene Kreuzkümmelsamen
- 1 TL frisch gemahlener schwarzer Pfeffer

## Espresso-Chili-Würzmischung

**ERGIBT:** **etwa 4 EL**
**ZUBEHÖR:** **Gewürzmühle**

- 2 EL dunkel geröstete Kaffee- oder Espressobohnen
- 2 TL Kreuzkümmelsamen, geröstet
- 1 EL reines Chilipulver
- 1 TL edelsüßes Paprikapulver
- 1 TL grobes Meersalz
- 1 TL frisch gemahlener schwarzer Pfeffer

Kaffeebohnen und geröstete Kreuzkümmelsamen in einer Gewürzmühle fein mahlen. In einer kleinen Schüssel mit den übrigen Zutaten vermischen.

## Karibik-Würzmischung

**ERGIBT:** **etwa 4 EL**

- 1 EL Vollrohrzucker
- 1 EL Knoblauchgranulat
- 1 EL getrockneter Thymian
- 2¼ TL grobes Meersalz
- ¾ TL frisch gemahlener schwarzer Pfeffer
- ¾ TL gemahlener Piment

## Cajun-Gewürz

**ERGIBT:** **etwa 3 EL**

- 2 TL gehackte frische Thymianblättchen
- 1½ TL grobes Meersalz
- 1 TL Knoblauchgranulat
- 1 TL Zwiebelgranulat
- 1 TL Paprikapulver
- 1 TL Vollrohrzucker
- ¾ TL frisch gemahlener schwarzer Pfeffer
- ¼ TL Cayennepfeffer

## Estragon-Würzmischung

**ERGIBT:** **etwa 4 EL**

- 1½ EL getrockneter Estragon
- 2½ TL grobes Meersalz
- 2 TL frisch gemahlener schwarzer Pfeffer
- 1½ TL getrockneter Thymian
- 1 TL gerebelte Salbeiblätter

# Marinaden

Marinaden entfalten ihre Wirkung langsamer als Würzmischungen, aber sie können tiefer ins Fleisch eindringen. Die meisten Marinaden enthalten eine säurehaltige Flüssigkeit und Öl sowie verschiedene Kräuter und Gewürze. Wenn ein bestimmtes Stück Fleisch nicht genügend Eigengeschmack mitbringt, gleichen diese Zutaten fehlende Aromen aus. Ebenso können Marinaden dem Grillgut eine landestypische Note verleihen.

## WIE LANGE EINWIRKEN LASSEN?

Die angemessene Einwirkzeit hängt von der Art der Marinade und dem jeweiligen Grillgut ab. Dessen Eigenaroma wird beispielsweise durch kräftige Sojasauce, hochprozentigen Alkohol, Chili oder andere scharfe Gewürze auf Dauer unter Umständen völlig übertönt. Zudem kann eine Marinade, die zu lange einwirkt, die Fleischoberfläche regelrecht zersetzen oder austrocknen. Hier einige allgemeinen Richtwerte:

| | |
|---|---|
| **15–30 MIN.** | Fleischwürfel für Spieße |
| **1–3 STD.** | Steaks |
| **2–6 STD.** | Braten |
| **6–12 STD.** | Große oder robustere Fleischstücke |

## HINWEIS

Marinaden wirken schneller bei Zimmertemperatur. Muss das Fleisch jedoch länger als 30 Min. marinieren, stellen Sie es in den Kühlschrank.

## TIPPS

Säurehaltige Marinaden erfordern Gefäße aus säurefestem Material. Dazu zählen Plastik, Glas, Keramik oder Edelstahl. Andere Metalle, auch Aluminium, reagieren mit Säuren und geben den Lebensmitteln einen metallischen Geschmack. Sehr praktisch sind wiederverschließbare Plastikbeutel. Diese so in eine Schüssel setzen, dass die Marinade nach oben gedrückt wird und das Fleisch komplett bedeckt. Bei weniger Flüssigkeit den Beutel häufiger wenden.

Marinaden, die mit rohem Fleisch in Kontakt waren, entweder weggießen oder aber mindestens 1 Min. kochen lassen, um schädliche Bakterien zu vernichten. Eine gekochte Marinade kann oft noch gut zum Bestreichen während des Garens verwendet werden.

Sollten Sie einmal sehr unter Zeitdruck stehen, können Sie auch fertiges italienisches Salatdressing, das es in jedem Supermarkt gibt, als Marinade für Ihr Fleisch verwenden. Es schmeckt tatsächlich ziemlich gut.

# Marinaden

## MARINADEN FÜR STEAKS

### Teriyaki-Marinade

**ERGIBT:** etwa 500 ml

250 ml Ananassaft
125 ml salzreduzierte Sojasauce
1 Zwiebel, fein gewürfelt
1 EL geröstetes Sesamöl (Asia-Laden)
1 EL frisch geriebener Ingwer
1 EL fein gehackter Knoblauch
1 EL brauner Zucker
1 EL frisch gepresster Zitronensaft

### Oregano-Cayenne-Marinade

**ERGIBT:** etwa 125 ml

60 ml Olivenöl
2 EL frisch gepresster Zitronensaft
1 EL fein gehackter Knoblauch
2 TL getrockneter Oregano
2 TL Paprikapulver
1½ TL grobes Meersalz
1 TL Selleriesamen
1 TL Cayennepfeffer

### Whisky-Marinade

**ERGIBT:** etwa 250 ml

125 ml Whisky
4 EL Ketchup
2 EL Olivenöl
2 EL Sojasauce
1 EL Weißweinessig
2 TL fein gehackter Knoblauch
½ TL Tabascosauce
½ TL frisch gemahlener schwarzer Pfeffer

### Nordindische Marinade

**ERGIBT:** etwa 350 ml

250 g Naturjoghurt
3 EL frisch gepresster Zitronensaft
1 EL Paprikapulver
2 TL fein gehackter Knoblauch
2 TL fein gehackte Chilischote
(vorzugsweise Jalapeño)
1 TL gemahlene Kreuzkümmelsamen
1 TL Currypulver
1 TL grobes Meersalz
½ TL gemahlener Ingwer
½ TL gemahlene Koriandersamen

## Orangen-Tequila-Marinade
**ERGIBT: etwa 250 ml**

1 Handvoll frische Minzeblätter
1 Handvoll frische glatte Petersilienblätter samt zarten Stielen
125 ml frisch gepresster Orangensaft
2 EL Tequila
2 EL Olivenöl
2 mittelgroße Knoblauchzehen, zerdrückt
2 TL ohne Kerne fein gehackte Chilischote (vorzugsweise Jalapeño)
1½ TL grobes Meersalz
½ TL gemahlene Kreuzkümmelsamen
½ TL reines Chilipulver
¼ TL gemahlener schwarzer Pfeffer

Alle Zutaten in die Küchenmaschine geben und glatt mixen.

## Italienische Marinade
**ERGIBT: etwa 125 ml**

2 EL Olivenöl
2 EL gehackte frische Rosmarinnadeln
1 EL gehackte frische Thymianblättchen
1 EL fein gehackte Schalotte
1 EL Aceto balsamico
1 EL körniger Senf
1 TL fein gehackter Knoblauch
1 TL grobes Meersalz
1 TL gemahlener schwarzer Pfeffer

## Kuba-Marinade
**ERGIBT: etwa 500 ml**

125 ml frisch gepresster Orangensaft
125 ml frisch gepresster Zitronensaft
1 Zwiebel, fein gewürfelt
4 EL Olivenöl
2 EL fein gehackter Knoblauch
2 EL getrockneter Oregano
2 EL frisch gepresster Limettensaft

## Griechische Marinade
**ERGIBT: etwa 125 ml**

6 EL Olivenöl
3 EL Rotweinessig
½ TL fein gehackter Knoblauch
½ TL grobes Meersalz
½ TL getrockneter Oregano
¼ TL zerstoßene Chiliflocken

## Süße Sojasaucen-Marinade
**ERGIBT: etwa 350 ml**

175 ml Sojasauce
125 ml Mirin (süßer Reiswein; Asia-Laden)
4 EL Ketchup
2 EL Reisweinessig (Asia-Laden)
2 TL fein gehackter Knoblauch
1 TL geröstetes Sesamöl (Asia-Laden)

# Saucen

Saucen bieten allen, die gerne grillen, beinahe unerschöpfliche Möglichkeiten, Gerichte zu ergänzen und zu verfeinern. Auf den folgenden Seiten finden Sie Rezepte für eine Reihe leckerer Saucen, die vorzüglich zu Steaks passen. Wenn Sie einmal verstanden haben, wie die richtige Konsistenz erreicht wird und welche Gewürze perfekt harmonieren, dann können Sie bald Ihre eigenen Saucen kreieren.

## SAUCEN FÜR STEAKS

### Rote Steaksauce

**ERGIBT:** **etwa 150 ml**

125 ml trockener Rotwein
125 ml Ketchup
4 EL Melasse (Reformhaus)
2 EL Rotweinessig
1 EL Dijon-Senf
1 EL Worcestersauce
½ TL reines Chilipulver
½ TL Selleriesamen
½ TL grobes Meersalz
¼ TL Currypulver
¼ TL gemahlener Kreuzkümmel

Die Zutaten in einem mittelgroßen Topf mit 125 ml Wasser verrühren. Bei mittlerer Hitze aufkochen, anschließend im offenen Topf etwa 30 Min. köcheln lassen, bis die Sauce auf etwa 150 ml reduziert ist, dabei gelegentlich umrühren. Auf Zimmertemperatur abkühlen lassen.

### Klassische rote Barbecue-Sauce

**ERGIBT:** **etwa 300 ml**

175 ml Apfelsaft
125 ml Ketchup
3 EL Apfelessig
2 TL Sojasauce
1 TL Worcestersauce
1 TL Melasse (Reformhaus)
½ TL reines Chilipulver
½ TL Knoblauchgranulat
¼ TL frisch gemahlener schwarzer Pfeffer

Die Zutaten in einem kleinen Topf vermischen. Bei mittlerer Hitze einige Minuten köcheln lassen.

### Weber's würzige Barbecue-Sauce

**ERGIBT:** **etwa 325 ml**

½ Stange Sellerie (50 g), fein gewürfelt
3 EL fein gewürfelte Zwiebel
2 EL Butter
250 ml Ketchup
60 ml frisch gepresster Zitronensaft
2 EL Zucker
2 EL Apfelessig
1 EL Worcestersauce
1 TL Senfpulver
1 kräftige Prise frisch gemahlener schwarzer Pfeffer

In einem mittelgroßen Topf Sellerie und Zwiebel bei mittlerer Hitze in der Butter weich dünsten. Die restlichen Zutaten hinzufügen, zum Kochen bringen, die Hitze reduzieren und die Sauce zugedeckt 15 Min. köcheln lassen. Warm servieren.

## Tomaten-Salsa
**ERGIBT: etwa 500 ml**

300 g reife Tomaten, fein gewürfelt
1 mittelgroße weiße Zwiebel, fein gewürfelt, in einem Sieb kalt abgespült (siehe Tipp S. 58)
2 EL fein gehackte frische Korianderblätter
1 EL Olivenöl
2 TL frisch gepresster Limettensaft
1 TL fein gehackte Chilischote (vorzugsweise Jalapeño)
¼ TL getrockneter Oregano
¼ TL grobes Meersalz
¼ TL frisch gemahlener schwarzer Pfeffer

Die Zutaten in einer mittelgroßen Glas- oder Edelstahlschüssel vermischen. Bei Zimmertemperatur etwa 1 Std. durchziehen lassen. Unmittelbar vor dem Servieren in einem Sieb abtropfen lassen.

## Cremige Meerrettichsauce
**ERGIBT: etwa 250 ml**

200 g Schmand
2 EL Meerrettich (aus dem Glas)
2 EL fein gehackte frische glatte Petersilienblätter
2 TL Dijon-Senf
2 TL Worcestersauce
½ TL grobes Meersalz
¼ TL frisch gemahlener schwarzer Pfeffer

Die Zutaten in einer mittelgroßen Schüssel verrühren. Abdecken und vor dem Servieren etwa 30 Min. kalt stellen.

## Zitronen-Petersilien-Butter
**ERGIBT: etwa 4 EL**

60 g weiche Butter
1 EL fein gehackte frische glatte Petersilienblätter
¼ TL fein abgeriebene Schale von 1 Bio-Zitrone
1 TL frisch gepresster Zitronensaft
¼ TL grobes Meersalz
¼ TL frisch gemahlener schwarzer Pfeffer

Die Butter mit den restlichen Zutaten in einer kleinen Glas- oder Edelstahlschüssel mit einer Gabel verkneten. Abdecken und bis zum Servieren kalt stellen.

## Tapenade (Olivenpaste)
**ERGIBT: etwa 125 ml**

150 g schwarze Oliven (vorzugsweise Kalamata-Oliven), entsteint
2 Sardellenfilets in Öl, abgetropft
2 EL grob gewürfelte Schalotten
2 EL Olivenöl
1 EL frisch gepresster Zitronensaft
1 EL kleine Kapern, abgetropft
1 TL fein gehackter Knoblauch
¼ TL gemahlener schwarzer Pfeffer

Die Zutaten in der Küchenmaschine zu einer streichfähigen Paste mixen. In einer Glas- oder Edelstahlschüssel abgedeckt bis zu 1 Woche im Kühlschrank aufbewahren.

# Grill-Kompass Steaks

Die nachfolgenden Angaben (Zuschnitte, Dicke bzw. Gewicht, Grillzeiten) sind Richtwerte, keine festen Regeln. Die tatsächlichen Garzeiten werden von weiteren Faktoren wie Luftdruck, Wind und Außentemperatur beeinflusst. Zwei Faustregeln: Steaks und Fleischspieße werden über direkter Hitze während der in der Tabelle angegebenen Zeitspanne oder bis zum gewünschten Gargrad gegrillt und dabei ein- bis zweimal gewendet.

Dickere Steaks werden über direkter und indirekter Hitze während der in der Tabelle angegebenen Zeitspanne oder bis zum Erreichen der gewünschten Kerntemperatur gegrillt. Lassen Sie Steaks nach dem Grillen 3–5 Min. ruhen, bevor Sie sie aufschneiden. Die Kerntemperatur erhöht sich in dieser Zeit noch einmal um 2–5 °C. Alle in der Tabelle aufgeführten Garzeiten beziehen sich auf den Gargrad rosa/rot bzw. medium rare.

| RINDFLEISCH | DICKE/GEWICHT | RICHTWERT GRILLZEIT |
|---|---|---|
| Steaks: New York Strip, Porterhouse, Rib Eye, T- Bone und Filet (Filet Mignon) | 2 cm | **4–6 Min.** bei direkter starker Hitze |
| | 2½ cm | **6–8 Min.** bei direkter starker Hitze |
| | 3 cm | **8–10 Min.** bei direkter starker Hitze |
| | 3½ cm | **10–14 Min.**: 6–8 Min. bei direkter starker Hitze, anschließend 4–6 Min. bei indirekter starker Hitze |
| Flank-Steak | 700–900 g, 2 cm dick | **8–10 Min.** bei direkter mittlerer Hitze |
| Steak aus dem falschen Filet (Schulterfilet) | 2½ cm | **8–10 Min.** bei direkter mittlerer Hitze |
| Steak Onglet (Nierenzapfen) | 4–5 cm | **10–14 Min.** bei direkter mittlerer Hitze |
| Fleischwürfel (Spieße) | 2½–3½ cm | **4–6 Min.** bei direkter starker Hitze |
| Skirt-Steak | 1–2 cm | **4–6 Min.** bei direkter starker Hitze |
| Bürgermeister-/Pastorenstück | etwa 1 kg, 3,5 cm dick | **23–30 Min:** 8–10 Min. bei direkter mittlerer Hitze, 15–20 Min. bei indirekter mittlerer Hitze |

| GARGRAD | KERNTEMPE-RATUR | FARBE IM KERN |
|---|---|---|
| Rare/blutig | 49–52 °C | Blaurot bis rot |
| Medium rare/ englisch | 52–57 °C | Rot bis rosa |
| Medium/halb durch | 57–63 °C | Rosa |
| Medium well/ fast durch | 63–68 °C | Rosa bis grau-braun |
| Well done/ durchge-braten | 68 °C + | Grau-braun |

## WANN IST EIN STEAK GAR?

Bei Steaks ist es schwierig, den Gargrad mit einem Fleischthermometers zu ermitteln, da genau in der Mitte des Fleisches gemessen werden muss. Einfacher geht es mit dem sogenannten Finger-druck-Test. Die meisten rohen Steaks sind so weich wie der fleischigste Teil Ihres Daumenballens, wenn die Hand entspannt ist, und werden im Lauf des Garprozesses zunehmend fester.

**1.** Berühren sich die Spitzen von Mittelfinger und Daumen, entspricht die Festigkeit des Daumenballens ziemlich genau der eines rosa/rot bzw. medium rare gebratenen Steaks.

**2.** Sind Sie allerdings trotz des Fingerdruck-Tests nicht sicher, welchen Gargrad Ihre Steaks erreicht haben, bleibt Ihnen nichts anderes übrig, als ein Steak vom Grill zu nehmen und auf der Unterseite mit der Spitze eines scharfen Messers einzuschneiden: Die Farbe im Kern gibt an, wie weit das Steak gegart ist. Ist es zu rot, müssen sie noch ein wenig weitergaren. Stimmt die Farbe, nimmt man sofort die restlichen Steaks vom Grill.

**3.** Vor dem Servieren drücken Sie mit dem Finger auf eines der Steaks – jetzt wissen Sie, wie sich ein Steak bei Ihrem nächsten Fingerdruck-Test anfühlen muss.

1

2
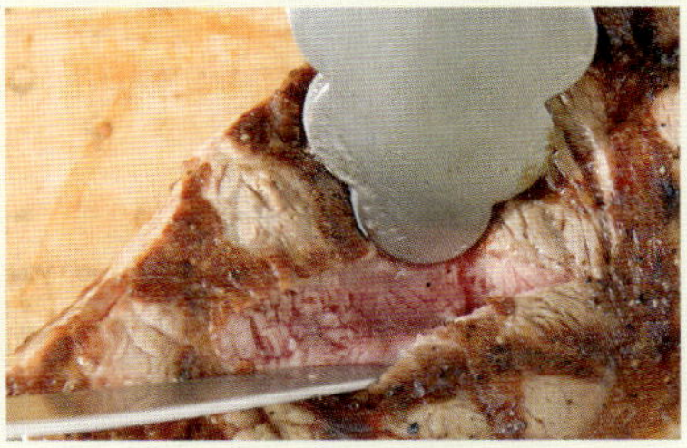

3

# Grill-Kompass Gemüse

## REGIONAL UND SAISONAL

Verwenden Sie Gemüse, das Saison hat und überwiegend aus der Region kommt. Es ist reif und schmeckt deutlich besser als Gemüse, das auf dem Transportweg reifen muss.

## MÖGLICHST FLACHE STÜCKE SCHNEIDEN

Bereiten Sie das Gemüse für den Grill so vor, dass eine möglichst große Oberfläche mit dem heißen Rost in Kontakt kommen kann. Je direkter der Kontakt, umso besser der Geschmack. Wählen Sie zum Beispiel Paprikaschoten mit möglichst flachen Seiten, die man leicht vom Kerngehäuse wegschneiden kann. Je flacher die Stücke sind, desto mehr Oberfläche kann auf dem heißen Rost karamellisieren.

## NUR BESTES ÖL IST GUT GENUG

Das geputzte Gemüse muss mit einer feinen Schicht Öl überzogen werden, damit es nicht am Grillrost haften bleibt oder verbrennt. Neutrale Öle wie Rapsöl funktionieren zwar gut, doch nur hochwertiges Olivenöl unterstreicht den Eigengeschmack der einzelnen Gemüsesorten. Verwenden Sie gerade so viel Öl, dass die Gemüsestücke gut davon bedeckt sind, aber nichts heruntertropfen und Flammen verursachen kann. Würzen Sie das Gemüse vor dem Grillen großzügig mit Salz und Pfeffer. Noch mehr Geschmack erhält es, wenn es bei Zimmertemperatur 20–60 Min. in Olivenöl, Essig, Knoblauch, Kräutern und Gewürzen mariniert wird.

## WANN IST ES GAR?

Festere Gemüse wie Zwiebeln oder Fenchel sollten zwar weich, aber noch ein wenig bissfest sein. Falls Ihnen Gemüse aber am besten sehr weich schmeckt, grillen Sie es einfach ein paar Minuten länger. Dann aber darauf achten, dass es nicht zu dunkel wird oder gar verbrennt. Das Grillen intensiviert die natürliche Süße im Gemüse, der Zucker verbrennt jedoch leicht. Schneiden Sie das Gemüse außerdem in möglichst gleich große Stücke, damit es gleichmäßig gart. Fingerdick oder etwas dünner ist in den meisten Fällen richtig.

Fast jede Gemüsesorte, von der Artischocke bis zur Zucchini, gart am besten über direkter mittlerer Hitze, also zwischen 175 und 230 °C. Wird das Gemüse dabei stellenweise zu dunkel, sollten Sie es wenden. Ansonsten gilt für das Wenden von Gemüse: weniger ist mehr!

| GEMÜSE | DICKE/GRÖSSE | RICHTWERT GRILLZEIT |
|---|---|---|
| Artischocke | ganz, 300–350 g | **14–18 Min.:** 10–12 Min. vorgaren; halbieren und 4–6 Min. bei direkter mittlerer Hitze grillen |
| Aubergine | in Scheiben, 1 cm | **8–10 Min.** bei direkter mittlerer Hitze |
| Fenchel | in Scheiben, ½ cm | **10–12 Min.** bei direkter mittlerer Hitze |
| Frühlingszwiebel | ganz | **2–4 Min.** bei direkter mittlerer Hitze |
| Kartoffeln | ganz | **45–60 Min.** bei indirekter mittlerer Hitze |
| | in Scheiben, 1 cm | **14–16 Min.** bei direkter mittlerer Hitze |
| Kartoffeln, kleine neue | halbiert | **15–20 Min.** bei direkter mittlerer Hitze |
| Knoblauchknolle | ganz | **45–60 Min.** bei indirekter mittlerer Hitze |
| Kürbis, Eichelkürbis (Acorn) | halbiert | **40–60 Min.** bei indirekter mittlerer Hitze |
| Maiskolben, ohne Hüllblätter | | **45–60 Min.** bei indirekter mittlerer Hitze |
| Maiskolben, mit Hüllblättern | | **25–30 Min.** bei direkter mittlerer Hitze |
| Möhren | ganz, ø 1 cm | **9–11 Min.:** 4–6 Min. vorgaren, knapp 5 Min. bei direkter mittlerer Hitze grillen |
| Paprikaschote | ganz | **6–8 Min.** bei direkter mittlerer Hitze |
| Paprikaschote/Chilischote | in Scheiben, ½ cm | **3–4 Min.** bei direkter mittlerer Hitze |
| Pilze, Shiitake oder Champignons | | **8–10 Min.** bei direkter mittlerer Hitze |
| Pilze, Riesenchampignons, Portobello | | **10–15 Min.** bei direkter mittlerer Hitze |
| Spargel | ganze Stangen, ø 1 cm | **4–6 Min.** bei direkter mittlerer Hitze |
| Süßkartoffeln | ganz | **50–60 Min.** bei indirekter mittlerer Hitze |
| | in Scheiben, ½ cm | **8–10 Min.** bei direkter mittlerer Hitze |
| Tomaten, Eiertomaten | halbiert | **6–8 Min.** bei direkter mittlerer Hitze |
| | ganz | **8–10 Min.** bei direkter mittlerer Hitze |
| Zucchini | in Scheiben, 1 cm | **3–5 Min.** bei direkter mittlerer Hitze |
| | halbiert | **4–6 Min.** bei direkter mittlerer Hitze |
| Zwiebeln | halbiert | **35–40 Min.** bei indirekter mittlerer Hitze |
| | in Scheiben, 1 cm | **7–12 Min.** bei direkter mittlerer Hitze |

# Sicherheitshinweise

Lesen Sie unbedingt die Bedienungsanleitung Ihres Grills und machen Sie sich mit allen Techniken sowie Sicherheitshinweisen vertraut.

Auch die Wartung Ihres Grills ist wichtig (beachten Sie dazu ebenfalls die Hinweise des Herstellers). Jedes Mal, wenn Sie den Grill benutzen, sollten Sie den Grillrost reinigen, und zwar dann, wenn er sehr heiß ist (am besten unmittelbar vor dem Grillen). Bürsten Sie mit einer langstieligen Stahlbürste anhaftende Speisereste oder Roststellen gründlich ab – auch zwischen den einzelnen Streben!

## ALLGEMEINE HINWEISE

1. Grills geben große Hitze ab. Der Grill muss daher mindestens 1,5 Meter von brennbaren Materialien, Wänden und Geländern entfernt stehen. Dazu zählen u.a. Holzverkleidungen sowie Holzveranden und -terrassen. Verwenden Sie einen Grill niemals in Innenräumen, unter einem Sonnendach oder einer Pergola.

2. Stellen Sie den Grill immer ebenerdig auf.

3. Verwenden Sie ausgewiesenes Grillwerkzeug mit langen, hitzebeständigen Griffen.

4. Tragen Sie beim Grillen keine losen oder leicht entflammbaren Kleidungsstücke.

5. Lassen Sie Kinder oder Haustiere in der Nähe eines heißen Grills niemals unbeaufsichtigt.

6. Tragen Sie beim Grillen und zum Regulieren der Lüftungsschieber Grillhandschuhe.

## SICHERHEIT FÜR DEN GASGRILL

1. Halten Sie den Grillboden und die Auffangschale Ihres Gasgrills sauber und fettfrei. Damit vermeiden Sie nicht nur gefährliche Flammenbildung, sondern halten auch ungebetene Gäste fern.

2. Sollten Flammen hochschlagen, schließen Sie unverzüglich den Deckel und legen Sie, wenn nötig, vorher das Grillgut über indirekte Hitze, bis die Flammenbildung abgeklungen ist. Bei einem Gasgrill Flammen niemals mit Wasser löschen.

3. Kleiden Sie den abgeschrägten Grillboden auf keinen Fall mit Alufolie aus. Sie verhindert, dass herabtropfendes Fett in die Auffangschale laufen kann. Das Fett sammelt sich zudem in den Falten der Folie und wird sich bei der nächstbesten Gelegenheit entzünden.

4. Gasflaschen dürfen keinesfalls in Innenräumen aufbewahrt werden (auch nicht in der Garage).

5. Ein neuer Gasgrill kann bei den ersten Malen heißer werden als üblich. Sobald er innen ein wenig angelaufen ist und Deckel und Grillwanne nicht mehr so stark reflektieren, normalisiert sich die Hitzeentwicklung.

## SICHERHEIT FÜR DEN HOLZKOHLEGRILL

1. Holzkohlegrills dürfen nur im Freien verwendet werden. Bei Gebrauch in geschlossenen Räumen sammeln sich gesundheits- und lebensgefährdende Gase an.

2. Geben Sie niemals flüssige Anzünder oder bereits mit Anzünder imprägnierte Holzkohle auf die warme oder heiße Glut.

3. Niemals Benzin, Alkohol oder andere feuergefährliche Flüssigkeiten zum Anzünden von Holzkohle verwenden. Wenn Sie flüssigen Anzünder benutzen, muss sämtliche Flüssigkeit, die sich gegebenenfalls im Kessel angesammelt hat, durch den unteren Lüftungsschieber abgelassen werden, bevor Sie die Holzkohle anzünden.

4. Verwenden Sie Ihren Grill nur mit allen vollständig montierten Teilen, die zudem unversehrt sein müssen. Vergewissern Sie sich auch, dass der Aschefänger korrekt unter dem Kessel befestigt ist.

5. Nehmen Sie den Deckel ab, wenn Sie die Holzkohle anzünden und vorglühen.

6. Breiten Sie die Holzkohle immer auf dem Kohlerost aus, nicht direkt auf dem Boden des Kessels.

7. Stellen Sie den Anzündkamin nicht auf oder neben feuergefährliche Flächen.

8. Berühren Sie nie den Kessel, Grill- oder Holzkohlerost, um zu prüfen, ob sie heiß sind.

9. Hängen sie den Grilldeckel immer vorschriftsmäßig an der Deckelhalterung auf. Legen Sie einen heißen Deckel nie auf einen Teppich oder ins Gras. Der Grilldeckel darf nicht an die Griffe des Kessels gehängt werden.

10. Um die Glut zu löschen, setzen Sie den Deckel auf und schließen Sie alle oberen und unteren Lüftungsschieber vollständig. Löschen Sie die Glut niemals mit Wasser, da dies die Emailbeschichtung des Kessels beschädigen könnte.

11. Bekämpfen Sie auflodernde Flammen, indem Sie den Deckel aufsetzen und die oberen Lüftungsschieber zur Hälfte schließen. Auch hier gilt: Niemals mit Wasser löschen!

12. Bedienen und lagern Sie heiße Elektrostarter sehr sorgfältig. Stellen Sie den Starter nie auf oder neben feuergefährliche Flächen.

13. Halten Sie elektrische Kabel von einem heißen Grill fern.

# Rezepte-Register

## A



## B



## C



## D, E



## F



## G, H

## I, J, K



## L, M



## N, O, P

# Rezepte-Register



## R



## S

# T



# V, W



# Z

# Impressum

Weber-Stephen Products Co.:
Mike Kempster Sr., Executive Vice President
Sherry L. Bale, Director, Public Relations

Titel der amerikanischen Originalausgabe:
Weber´s on the Grill.
Steak & Sides ™

genehmigte Sonderausgabe 2012


Autor: Jamie Purviance
Übersetzung: Andrea Haftel, München
Lektorat und Redaktion:
Karen Dengler, Werkstatt München
Satz: Anja Dengler, Werkstatt München
Gesamtproduktion der deutschen Ausgabe:
Werkstatt München · Buchproduktion
Projektleitung: Stephanie Schönemann
Umschlaggestaltung: independent Medien-Design, Horst Moser, München
(Umschlag und Innenlayout d. Originalausgabe: rabble + rouser, inc.)
Herstellung: Markus Plötz
Reproduktion: Longo AG, Bozen
Druck: Printer Trento
Bindung: Printer Trento

Bildnachweis: Alle Fotos Tim Turner (Foodstyling Lynn Gagné).



ISBN 978-3-8338-2912-3

1. Auflage 2012

GRÄFE UND UNZER

*Ein Unternehmen der*
GANSKE VERLAGSGRUPPE

DAS ORIGINAL GU MIT GARANTIE

## Unsere Garantie

Alle Informationen in diesem Ratgeber sind sorgfältig und gewissenhaft geprüft. Sollte dennoch einmal ein Fehler enthalten sein, schicken Sie uns das Buch mit dem entsprechenden Hinweis an unseren Leserservice zurück. Wir tauschen Ihnen den GU-Ratgeber gegen einen anderen zum gleichen oder ähnlichen Thema um.

## Liebe Leserin und lieber Leser,

wir freuen uns, dass Sie sich für ein GU-Buch entschieden haben. Mit Ihrem Kauf setzen Sie auf die Qualität, Kompetenz und Aktualität unserer Ratgeber. Dafür sagen wir Danke! Wir wollen als führender Ratgeberverlag noch besser werden. Daher ist uns Ihre Meinung wichtig. Bitte senden Sie uns Ihre Anregungen, Ihre Kritik oder Ihr Lob zu unseren Büchern. Haben Sie Fragen oder benötigen Sie weiteren Rat zum Thema? Wir freuen uns auf Ihre Nachricht!

**Wir sind für Sie da!**
Montag – Donnerstag:
8.00 – 18.00 Uhr;
Freitag: 8.00 – 16.00 Uhr
Tel.: 0180-5 00 50 54*
Fax: 0180-5 01 20 54*
E-Mail:
leserservice@graefe-und-unzer.de

*(0,14 €/Min. aus dem dt. Festnetz/ Mobilfunkpreise maximal 0,42 €/Min.)

**P.S.:** Wollen Sie noch mehr Aktuelles von GU wissen, dann abonnieren Sie doch unseren kostenlosen GU-Online-Newsletter und/oder unsere kostenlosen Kundenmagazine.

**GRÄFE UND UNZER VERLAG**
Leserservice
Postfach 86 03 13
81630 München